総合判例研究叢書

刑　　法 (4)

有　斐　閣

刑法・編集委員

佐伯千仭
団藤重光

序

フランスにおいて、自由法学の名とともに判例の研究が異常な発達を遂げているのは、その民法典が百五十余年の齢を重ねたからだといわれている。それに比較すると、わが国の諸法典は、まだ若い。最も古いものでも、六、七十年の年月を経たに過ぎない。しかし、わが国の諸法典は、いずれも、近代的法制を全く知らなかつたところに輸入されたものである。そのことを思えば、この六十年の間に極めて重要な判例の変遷があつたであろうことは、容易に想像がつく。事実、わが国の諸法典は、それに関連する判例の研究でこれを補充しなければ、その正確な意味を理解し得ないようになつている。

判例が法源であるかどうかの理論については、今日なお議論の余地があろう。しかし、実際問題として、多くの条項が判例によつてその具体的な意義を明かにされているばかりでなく、判例によつて特殊の制度が創造されている例も、決して少くはない。判例研究の重要なことについては、何人も異議のないことであろう。

判例の創造した特殊の制度の内容を明かにするためにはもちろんのこと、判例によつて明かにされた条項の意義を探るためにも、判例の総合的な研究が必要である。同一の事項についてのすべての判決を探り、取り扱われた事実の微妙な差異に注意しながら、総合的・発展的に研究するのでなければ、判例の研究は、決して終局の目的を達することはできない。そしてそれには、時間をかけた克明

序

な努力を必要とする。

幸なことには、わが国でも、十数年来、そうした研究の必要が感じられ、優れた成果も少くないようになつた。いまや、この成果を集め、足らざるを補ない、欠けたるを充たし、全分野にわたる研究を完成すべき時期に際会している。

かようにして、われわれは、全国の学者を動員し、すでに優れた研究のできているものについては、その補訂を乞い、まだ研究の尽されていないものについては、新たに適任者にお願いして、ここに「総合判例研究叢書」を編むことにした。第一回に発表したものは、各法域に亘る重要な問題のうち、研究成果の比較的早くでき上ると予想されるものである。これに洩れた事項でさらに重要なもののあることは、われわれもよく知つている。やがて、第二回、第三回と編集を継続して、完全な総合判例法の完成を期するつもりである。ここに、編集に当つての所信を述べ、協力される諸学者に深甚の謝意を表するとともに、同学の士の援助を願う次第である。

昭和三十一年五月

編集代表

小野清一郎　宮沢俊義

末川　博　我妻　栄

中川善之助

凡　例

一　判例の重要なものについては、判旨、事実、上告論旨等を引用し、各件毎に一連番号を附した。

二　判例年月日、巻数、頁数等を示すには、おおむね左の略号を用いた。

大判大五・一一・八民録二二・二〇七七　（大審院判決録）

（大正五年十一月八日、大審院判決、大審院民事判決録二十二輯二〇七七頁）

大判大一四・四・二三刑集四・二六二　（大審院判例集）

最判昭二二・一二・一五刑集一・一・八〇　（最高裁判所判例集）

（昭和二十二年十二月十五日、最高裁判所判決、最高裁判所刑事判例集一巻一号八〇頁）

大判昭二・一二・六新聞二七九一・一五　（法律新聞）

大判昭三・九・二〇評論一八民法五七五　（法律評論）

大判昭四・五・二二裁判例三・刑法五五　（大審院裁判例）

福岡高判昭二六・一二・一四刑集四・一四・二一一四　（高等裁判所判例集）

大阪高判昭二八・七・四下級民集四・七・九七一　（下級裁判所民事裁判例集）

最判昭二八・二・二〇行政例集四・二・二三一　（行政事件裁判例集）

名古屋高判昭二五・五・八特一〇・七〇　（高等裁判所刑事判決特報）

東京高判昭三〇・一〇・二四東京高時報六・二・民二四九　（東京高等裁判所判決時報）

札幌高決昭二九・七・二三高裁特報一・二・七一　（高等裁判所刑事裁判特報）

前橋地決昭三〇・六・三〇労民集六・四・三八九　（労働関係民事裁判例集）

その他に、例えば次のような略語を用いた。

裁判所時報＝裁　時　　家庭裁判所月報＝家裁月報

判例時報＝判　時　　判例タイムズ＝判　タ

目　次

刑法における財物の概念　竹田直平

刑法における占有の概念

中　義勝

刑法における財物の概念

竹田直平

はしがき

刑法は財産罪に共通の客体として「財物」と「財産上の利益」とを規定している。しかし、その「財物」又は「財産上の利益」なる法概念には如何なる範囲のものが含まれると解すべきかについて法の具体的適用に当つて無数の疑問が生ずるのである。学者が予めそれらの問題を想定してこれに一般的な解答を与えるということは不可能であり、仮りに与え得たとしても価値に乏しいものであろう。われわれは、裁判所が具体的問題に当面する毎に、法の一般理論と具体的妥当性とを結合して示した多数の判例の見解を総合して見ることに依つて初めて実務に役立つ程度の具体的内容を持つた概念を把握することができるのである。それで私は、この点について示された判例をできる限り広く集めてこれを問題別に分類してこの概念の具体的な適用範囲を明確にすることを試みたのであるが、参照し得た資料が充分でなかつたので重要な判例を脱漏しているように思われる。またその他の点についても大方の示教を受けて再版の機会もあれば補正したいと思つている。

一　概　　説

一　財産権の刑法的保護

（一）　刑法は人の財産的利益を保護する為に窃盗罪、強盗罪、詐欺罪、恐喝罪、横領罪、背任罪、毀棄隠匿罪及び贓物罪の規定を設けている。これらの規定の直接主要の保護法益は人の財産的法益であるから、これを総称して財産に対する罪又は単に財産罪と呼んでいるのであるが、財産的法益を保護する為の刑法的規定はこれに尽きるわけではない。例えば、謂わゆる無体財産権を保護する為に特許法（一二九条）著作権法（三七条以下）に罰則があり、鉱業権（同法九四条）や漁業権（同法六〇条）を保護する為にもそれぞれの法に罰則規定が設けられている。又その主なる保護法益が他に存するので財産罪と呼ばれていないが、財産的法益をも重要な保護法益として含んでいる刑法的規定も少くない。例えば放火罪（一〇八条以下）溢水罪（一一九条以下）信用毀損罪（二三三条）業務妨害罪（二三三条、二三四条）の規定等がこれである。

（二）　財産罪の中の個々の区別は、人が財産として有する利益の具体的な存在形態及びこれに対する侵害手段の区別に従つて設けられている。財産的利益の存在形態は多種多様であるが、今刑法の観点から先ずこれを物権と債権とに区別できる。刑法が財産罪に於て保護の対象としているのは主として物権特に所有権である。然し所有権以外の物権、例えば占有権等も所有権に準じて取扱われる場合が多い（二四二条、二五一条）。これに反して債権の保護は原則として私法的保護に委ねられ、僅に特別の悪質条件に於て侵害された場合に限り背任罪の規定を以て保護しているに過ぎない。次に財産的利益の存在形態の区別として重要なのは、個々の「財物」と、財物以外の無形的な「財産上の利益」との区別である。われわれの財産的利益は、個々の「財物」の形態に於て成立するのが普通であるが、個々の財物に転換し、又はそれと同様の効用を有する為に、個々の財物と同等の意義を有する「労務の給付」又は「債権免除、債務負担、債務履行延期等の結果を生ずる意思表示」のような無形の関係に於ても成立することが可能である。それで刑法は、この後者についても刑法的保護の必要を認め、強盗罪(二三六条二項)詐欺罪(二四六条二項)恐喝罪(二四九条二項)に於ては、これを財物と同格の保護客体としている。

(三)　刑法が「財物」と「財産上の利益」とを一応区別しているので、財物に対する罪を財物罪(Sachverbrechen)と称し、財物以外の財産上の利益に対する罪を利益罪又は利得罪(Bereicherungsverbrechen)と称する場合がある。この区別に従えば窃盗罪、横領罪、毀棄隠匿罪、贓物罪は財物罪であり、強盗罪、詐欺罪、恐喝罪は財物罪としても利得罪としても成立可能である。そして背任罪は専ら利益罪である。

このように刑法は財産罪に共通の客体として「財物」と「財産上の利益」との両者を認めているのであるが、この両者に共通の実体は「財産」の観念である。それでこの両者に共通の実体を把握するには「財産」なる観念の法的、社会的、経済的意義の大綱を認識することが必要である。

(四)　財産の法的意義については学説が分れ、また歴史的法制的にもその観念内容に変遷があるが、現代の私法の体系に於ては、一定の目的の下に又は一定の主体に結合された財産権の総体であるということができる。従つてそれは過去現在及び未来に於ける多くの権利から成つている。財産を構成する権利は、原則的には金銭的価値を有するのが普通であるが、その主体との関係に於て特別の需要を充す効用を有する為に金銭的価値ある財貨と同様に主観的価値と認められて、も刑法の関係に於ては除外さるべきではない。後述のように、多くの判例もこれを認めている。財産は物権、債権、無体財産権、財産的形成権等を含むわけであるが、積極的財産の外に消極的財産即ち債務の如きものも含まれる。故に新に債務を発生せしめ又は増加せしめる所為も財産の侵害である（財産の私法的意義については松本烝治・私法論文集所収総括的意義に於ける財産、石田文次郎・財産、法律学辞典二巻九七六頁参照。）。

それでは財産権の目的である財産の社会的経済的本質又は実体は何であろうか。人の生存には衣食住の資料やその生産手段等を必要とするわけであるが、これらを獲得するには、（イ）人の勤労及び創意工夫、（ロ）土地、河海、日光、動植物、鉱物等の天与の生産条件、（ハ）及び過去の人類の発明工夫勤労等の所産であつて現在の生産能率に寄与する有形無形の文化的遺産の三者を結合することが必要である。ところで、右（ロ）（ハ）の二者は本来現在の何人の所産にも属しないものであるからその性質上全人類の平等に利用享受すべきものであるが、これを現在の各人が利用して各自の勤労と創意工夫を加えることに依つて、そして他人に不当の影響損害を与えない方法及び範囲に於て上述の生活の需要を充すべき有形無形のものを産出した場合には、それはその産出者の勤労と創意工夫とを原因として元来存在しなかつたものを新に創作現出せしめたのであるから、その産出者の任意に利用し処分し得べき利益として各人互にこれを尊重し侵害しないことを約束することが、凡ての人の可能的最大の幸福を保証することになるわけである。現在のわれわれの国家の法制に於ける所有権の観念は、厳密にはこのような観察に立脚しているといい得ないとしても、大体に於て、このような条理を基礎として認められた制度であることは明かである。現在の国法に依つて保護を約束されたこのような利益を財産的法益と称し、又その利益の主体に関係せしめてこれを財産権と呼んでいるのである。

個人の勤労及び創意工夫の所産は、その産出者の痛苦犠牲に依る所産であり、それは一方に於て生活の需要を充す効用を有すると同時に、他方に於てこれを侵害せられ喪失した場合にこれを所与条件の下に再び獲得するに必要な痛苦犠牲を免れしめる意義を有するものである。従つて人がその効用の享受並に痛苦犠牲の嫌悪について利己心（経済的・法的主体性）を有する限り、その産物について特殊な愛執の念と排他的主張とを有するのが普通である。このような愛執と排他的主張との対象となる利益が社会的経済的意味に於ける「財産」又は「財産的利益」の本質的実体であるということができる。故にこのような意義を有する財産又はそれを構成する個々の「財物」若くは「財産上の利益」は、それが個人の私有に属すると国家等の公有に属するとを問わず、凡て人の価値尊重意識と利己心とに依つて固執されているわけである。従つてこれを侵害する行為は、或は自己の勤労を提供せずに他人の勤労の成果を奪取するものであり（各種領得罪）、或は他人の勤労の所産を不正に毀損するものである（毀棄隠匿罪）から、人の価値尊重意識と利己心とに背反するものである。財産罪の本質的意義、従つてその実質的違法性はこの点に存するということができる。従つて刑法に於ける「財物」又は「財産上の利益」の概念内容を規定するについてもこのような社会的経済的条理を基礎として考察せねばならない。

二　財物及び財産上の利益の観念についての問題点

（一）　刑法は財物を客体とする犯罪規定に於て、これを表示するのに「財物」という場合（二三五条、二三六条一項、二四六条一項、二四九条一項）と単に「物」という場合（二五二条、二六一条）とがあるが、これは単に修辞上の別であつて同義語と解されている。又旧刑法第三六六条は窃盗罪の客体を表示するのに「所有物」の語を用いていたが、判例はこれも現行法の財物と同義であると解している。以下ここに於て「財物」又は「物」、はこの両者を指称するわけである。

(二)　ところで、「財産上の利益」と区別せられた「財物」の概念は、有体の動産に限るのかそれとも無形の財貨例えば電気、人工冷気等のようなエネルギーをも包含するかについて疑問を生じた。各国の刑法が制定された当時に於ては、電気等のエネルギーが殆んど利用せられることがなかつたので、財物は有体物に限るものと解せられそれで何等支障がなかつたのであるが、電気のような無体財貨が人類の生活に広く利用せられるようになつたので、これを刑法上どのように取扱うかについて問題とされるようになつたのである。この点について仏、独、伊等の判例があり、我が旧刑法の時代にも判例が示されている。

(三)　次に刑法上の財物の概念は不動産をも含むものと理解すべきかについて疑問が生じた。判例は後述のように詐欺罪や横領罪の客体としての財物の観念には当然不動産をも含むものと解しているが、盗罪の客体としてのそれに含まれるかについて見解が分れ問題とされている。

(四)　第三に、財物の概念は、金銭的価値又は交換価値を有しない物をも含むかについて多くの疑問が提起された。特に各種の証書類、証券類について、それ自体金銭的価値を有しない場合にも、財産権の保護を目的とする財産罪の客体に含まれるものと解すべきかについて再三疑義が提出せられたのでこれに答えた多くの判例がある。

(五)　価値極めて軽微なる物は法律上これを財物として取扱うべきか否か、又その価値寡少の物も財物であると見做されるのは如何なる場合であるか、更に刑法上異なる取扱を受けるものとされている財物相互の区別は、如何なる基準に拠るか等についても種々の疑問が提起されたのでこれに答えた多くの判例がある。

（六）　次に謂わゆる禁制品、即ち法律上特別に認容せられる例外に該る外は一般にそれを所有又は所持することを禁止せられた物は、所有権の目的となり得ないものであるが、このような物が違法に所持せられている場合に、これを財産罪の客体としての「財物」の観念に含まれるものと見るべきかについても疑問を生じた。古い判例には、このような禁制品は法律上所有権の客体となり得ないものであり、従つてその所持も法的保護を認められないものであるから財物の観念に含まれないと解したものもあるが、その後の判例は、この種の物であつてもこれを現実に所持する者に対してはその所持自体が或程度法的に保護された利益であるから財物の観念に含まれると為すのが普通である。

（七）　最後に「財産上の利益」というのは如何なる観念であるか、如何なる場合及び範囲に於てそれを認め得るのか、財物の観念と如何なる点に於て区別せられるのか、両者の関係は刑法上どのようなものとして取扱われるのか等について多くの問題が提起せられこれに答えた判例が多い。

以下に於て、大体右のような問題の区別に従つて判例を分類し、それぞれの観察点から判例を通じて問題の解明を試みることにする。

二　無体物、特に電気等のエネルギーの財物性

一　有体性説と管理可能性説

（一）　刑法は財物罪の行為の客体として、従つてその構成要件として「財物」又は「物」なる観念を規定している。ところでこの財物又は物の概念内容を如何ように理解するかについて各国の学説判

例の見解が分れたのである。その一は有体性説（Körperlichkeit）と呼ばれ、他は管理可能性説（Beherrschbarkeit）と呼ばれている。前者は刑法の用語と従来普通の観念とを基礎として、特にわが民法第八五条が「本法ニ於テ物トハ有体物ヲ謂フ」と規定していることから、刑法上の物は有体物に限るのであり、無体物にまでこの概念を拡張するのは類推解釈であり罪刑法定主義の原則を紊すものであると主張するのに対し、後者は、現代生活に於ける財産の実態と刑法的保護の必要性とを根拠として、管理可能性を具備するものは凡て「財物」の観念に含まれるとなすのである。後者の見解に依れば、物理学上又は民法上の物の観念と刑法上のそれとは必ずしも同一であることを必要とするものではなく、それは刑法財産罪各本条の目的に照して法解釈一般の理論に従つて理解さるべきものである。従つて電気その他のエネルギー等も、それが人間の需要を充す為に人間の支配利用し得る状態に管理されている限り有体財貨と同様に刑法的保護の目的としての財物の観念に含まれるものである。

（二）この問題は先ず仏・独等の学者や裁判所に於て討論せられた。管理可能性説の代表者ブラスは大要次のように述べている。

「法律上外界の一部が権利の目的として人と関係を生じ得るのは、管理可能の関係が、即ち人とその外界との間に之を占有し之を使用処分し得る関係を生ずるからである。故に管理の関係を生じ得ないものは自然物であつても法律上の物とはなり得ない。一般に空間に存在を有するものであり（Läumlichkeit）、他物と区別し得る独立性を有し（Selbständigkeit）、事実的に所持可能性を有するものは（Möglichkeit des tatsächlichen Innehabens）管理可能である。電気はこの三要素を具備しているから法律上の物たる資格を有する」（Blass, Rechtsgut der Elektrizität）

フランスのリオン軽罪裁判所が大体このような見解に従つて一九〇六年六月三日人工冷気に対する

窃盗罪の可能を認める判決を下した。事実は被告甲が冷蔵庫会社の冷蔵庫の一つの棚を賃借して、それに自己所有の肉類を貯蔵する契約をしていたのに、乙の依頼を受けて乙所有の肉類をその棚に貯蔵したことが発覚したので会社は甲を人工冷気の窃盗であるとし、乙をその共犯であるとして訴えた、というのである。これに対する右裁判所の判旨は次のようである。

人工冷気は財物である

【1】「理論的に論ずれば寒気は温気のないことを意味する。換言すれば虚無ということに帰着する。然しながら人工冷気（Froid industriel）即ち科学及び工業に依る方法を以て人工的に一定の場所に生ぜしめられた温度の低下は、一の価値物（Valeur）であって、これに対する領有（Appropriation privée）を為すことができる。従って種々の契約の目的物となり得るものであり、又原則として詐欺的に（frauduleusement）奪去され（être soustrait）又は他へ持ち去られ得る（être détourne）ものである」（Recueil Sirey, 1909 II, p. 325；牧野・刑法研究一巻三三九頁引用による。）。

この「詐欺的に奪い去る」ということは、窃盗の要件としてフランス刑法三七九条に明示されているところで、わが刑法二三五条の窃取という観念に該当する語である。然しこの判決は、被告はその冷蔵庫の棚の一つを適法に使用し得る権利を有していたのであるから、彼は単にその権利を濫用（Abus）したに過ぎないという認定を下し、結局被告の行為は窃盗罪に該らないとした。

電気窃盗についても一九一二年八月三日のフランス最高裁判所の判決は窃盗罪の成立を認めた。事実は被告が電気会社から動力用に電気の供給を受けていたが、メートル器に不正に加工して若干量の電気を盗用していたというのである。

電気は財物である

【2】「電気はこれを製出する者即ち供給者から需要者へ引渡されるものであって、その引渡は実際的に

(Matériellement) 証明され得るものである。故に電気は領有 (Apprehension) の目的となるものであって、刑法三七九条の物 (Chose) として考えることができるものである」(Recueil Sirey, 1913, I, p. 327—338; 牧野・上掲書二四七頁)。

これは電気は人工的に製産し、引渡し、領有し得るものであるから、要するに管理可能性を具備するものであり、従って盗取し得るものであるから窃盗罪の目的たる「物」の観念に含まれるというのである。一八九八年七月一三日のローマ破毀院の判決も電気の財物であることを認めた。

同趣旨

【3】「所有権の目的として保護を受くべきものの中には、総ての人の発明に依つて得たもの、工業に依つて得たもの、労働に依つて得たものが含まれる。電気はこの種類の産物に属することは疑を容れない。近世科学の進歩は、電気の力を通信・燈火・動力等に利用し得るに至らしめた。故に若し人が電気を起し、これを導線に依つて遠方に移転し得るように装置したときは、その電流はその人に専属し、正当な動産の一部を構成するものである。……若し動産の法律上の特徴は占有の目的となり得る点に存するとしても、電気は凡ての点に於てその要件を具備するといはねばならない」(穂積陳重遺文集二冊五二八頁引用による)。

これは、電流は人工の産物であること、人の生活に役立つ効用を有すること、任意に支配管理し得るものであることに着眼して、有体動産と同様に法律上の「物」として取扱わるべきものであるというのである。仏・伊の裁判所に於ては、このように電気等の無体物も刑法上の財物に含まれることを認められたが、ドイツに於ては見解が分れ、下級裁判所に於てその財物性を肯定したものがあったが、ライヒ裁判所は二回までこれを否定する判決を下した。一八九五年一月一五日のミュンヘン控訴院の判決はそれを肯定したものである。

同趣旨

【4】「電流は刑法第二四二条（独）に謂はゆる動産物件（bewegliche Sache）の一種である。電気はあらゆる物体に天然に潜在するものであつて、人の発明した手段に依つてその原子が流動を起すものであるという古説は既に棄てられ、現今では、地球の表面物体の外部に拡がつている一つの流動であつて、その陰陽は強弱によつて定まり、宇宙間到る所に見出し得るものであつて、土地、人間動物の身体、又は空中に於て人の経験する現象を生ずるという説が行はれている。この電流が流れの状態に於て天然に存在する間は、人はこれを占有しこれを消費することは不可能であるが、人の需要を充す為に機械力を用いて特別の電気を発生せしめたときは、任意にこれを管理することが可能である。そこでこれに対する特別の権利が生ずるのであり、その特別の状態の下にある電流を権利なしに僭用する者に対しては盗罪を以て論じ刑法第二四二条を適用せねばならない」（法協一六巻一〇号所掲）。

（三）　ところがこの判決に対してライヒ裁判所は反対の見解を採つて電流は刑法に謂う「物」に非ずとし無罪を言渡した。ドイツ刑法に於ける「物」の概念は「有体性」を要件としていると解すべきであるから、単なるエネルギーである電流等の無体物にこの概念を適用するのは類推解釈であつて裁判官に許されていないというのである。これは「有体性説」の考え方を代表するものである。一八九六年一〇月二日同裁判所第四刑事部の判決は、下級裁判所が電気は「物」ではないとしてその盗用を無罪とした判決を支持したものである。

電気は財物でない

【5】「ドイツ刑法の規定に依れば、窃盗罪は可動物（bewegliche Sache）に対してのみ可能である。下級裁判所に於ける専門学者の鑑定に依れば、電気は液体であるとの古い説は既に捨てられ現代の定説はこれを微分子の振動即ちエネルギーの状態であると認めている。下級裁判所がこの鑑定に依つて、電気は「物」ではないから盗取の目的とはなり得ないと為したのは正当である。故に破棄すべき理由はない」（R. G. E. Bd. 29, S. 111）。

これは物理学上の観念を以つて直に法律上の概念を規定しようとしたものである。この点についてデルンブルグ (Dernburg, Deutsche Juristenzeit, 1896, S. 473, 1897, S. 76)、ブラス等の有力な学者の論難があつたので、一八九九年五月一日の同裁判所第一刑事部の判決は、慎重な態度を採つて電気が法律上の「物」に該るか否かの問題は、物理学的な事実問題として考察すべきものではなく、法律概念の解釈問題として取扱うべき問題であるとしながら、法律的概念としても電気は物ではないと判定した。判示の要点だけを適示することにする。

電気は財物ではない

【6】「電気が物であるか否かは刑法の解釈に依つて決定すべき問題である。然し他に特別の理由のない限り自然的観念 (natürliche Anschauung) に従うべきであるから、刑法中の「物」(Sache) は物質であると解するのが相当である。ものの状態、運動、作用等は、科学上の用語法から見ても日常の用語法から見ても、これを「物」と見ることはできない。奪取 (Wegnahme) を窃盗の一要素とする点から見ても窃盗の目的物は有体物でなければならないことは明白である。計量し得ることや導引し得ることなども「物」の標識と為すに足らない。熱や光線等もこの特性を有するが、これに依つてこれ等を物と為し得ないわけである。これ等の点から見て電気は有体物質でないことは明らかであるから刑法上の「物」と見なすことはできない。従つてその盗用は盗罪を以て論ずべきものではない」(R.G. E.Bd. 32, S. 165)。

この判決に於て「特別の事情のない限り」とことわつている意味は明らかでないが、電気のような無形財（エネルギー）が新しく人類の財貨として利用せられるようになつたこと等が正にその「特別の事情」が発生したものと見るべきではなかろうか。それでなければ「物」の概念範囲の決定は法律解釈の問題であると認めたことの意義が全く没却されるのではなかろうか。

（四）　ドイツの裁判所は、刑法の用語をこのように厳格に解釈して電気のような無形財に対する盗用が無罪であると判示したので、電気事業等の法的保護に重大な危険を生ずることになつた。それで一九〇〇年四月九日電気の盗用に対する特別法が制定された。その第一条は「不法領得ノ意思ヲ以テ他人ノ電気工場又ハ電業装置カラ正当ニ送電ニ供セラレタ装置以外ノ導体ニヨッテ電力（Elektrisch Arbeit）ヲ引奪シタ者ハ禁錮及ビ一五〇〇マルク以下ノ罰金又ハソノ一ニ処スル。禁錮ト共ニ公権剝奪ヲ宣言スルコトガデキル。未遂犯ハ之ヲ罰スル」第二条は「他人ニ不法ニ損害ヲ加フル意思ヲ以テ第一条ノ行為ヲ為シタ者ハ一〇〇〇マルク以下ノ罰金又ハ二年以下ノ禁錮ニ処スル。未遂犯ハ之ヲ罰スル。訴追ハ告訴ニ依ル」と規定している。前条は盗罪に相当し、後条は毀棄罪にあたる。

二　わが国に於ける電気窃盗

（一）　わが旧刑法第三六六条は、窃盗の目的物として他人の「所有物」なる観念を規定していたのであるが、当時の通説はこれを「有体動産」に限るものと解釈していた（岡田・刑法各論九〇三頁、江木・刑法原論三巻二四九頁、勝本・法析義下二八五頁）。ところが横浜地方裁判所は電気盗用事件に関し明治三五年七月一日の判決に於て、従来の通説を斥けて、電気は刑法第三六六条に謂わゆる「人の所有物」であつて窃盗の目的となり得るものであるとして窃盗罪を認めた。

電気は財物である

【7】「民法ニ於テハ「本法ニ於テ物トハ有体物ヲ謂フ」トアリテ、民法ニ於テノ物ノ意義ヲ示シタルニアルコト法文上自ラ明白ナレハ、之ヲ捉ヘ来リテ直ニ刑法ニ応用シ、刑法上ノ物モ亦同一意義ヲ有スルモノト論断スルハ失当タルヲ免レズ。按スルニ刑法第三六六条ニ所謂「人ノ所有物」ナル語ハ、人ノ所有ニ係ル可動物ノ意義ニシテ、民法上動産若クハ有体動産ト称スルモノトハ互ニ相異ル所ナリ。蓋シ窃盗罪構成要件ノ一ナレ窃

取ナル行為ハ、ソノ必然ノ結果トシテ、領得移転ノ行為アルヲ要スルモノナルガ故ニ、領得、移転シ得サル性質ヲ有スル物件ハ、固ヨリ窃盗ノ目的物タル能ハサルヘシト雖モ、今電流ナルモノノ性質ニ付キ学者ノ研究シタルトコロニ従ヘハ、彼ノ天地間ニ天然ニ発生シ、若クハ存在スル電流ハ措テ問ハス、吾人カ人工ニ依リ特ニ誘起セシメタル電流ハ仮令形態ヲ具ヘサル力或ハ作用ナルニモセヨ、苟クモ吾人カ利用ノ目的ニ従ヒ之ヲ一定ノ場所ニ蓄積シ或ハ制限シ拡張シ移転シ得ヘキモノナル以上ハ、該電流ヲ窃盗ノ目的物トナリ得ヘキモノト断定スルニ於テ躊躇ヲ要セサルヘシ。故ニ電流借用者ニ対シテ刑法第三六六条ノ窃盗罪ヲ構成スヘキモノトス」

これは前掲ミュンヘン裁判所の判決やフランス、イタリーの裁判所の判例に倣つて、人工の所産であり、管理可能の有用物は、エネルギー等の無体物であつても之を所持しこれを奪取することが可能である限り刑法上の「人の所有物」の観念に含まれると為すものである。然るに、この判決に対して翌三六年三月二〇日の東京控訴院の判決は、反対の立場を採り、電気は「物」ではないから窃盗罪の客体となり得ないものであるとして、これを破棄して無罪を言渡した。これは前記ドイツのライヒ裁判所の判例の考え方に従つたものである。

ところが右の東京控訴院判決に対して検事長が次の趣意を以て上告した。

「当院判決ヲ按スルニ、電流ハ有体物ニ非サルカ故ニ窃盗罪ノ目的物タルコトヲ得ストノ理由ヲ以テ、本案事件ハ罪トナラサルモノトナシタリ。然リト雖モ、抑刑法上、窃盗罪ノ目的物タリ得ヘキモノハ、苟クモ吾人ノ財産ヲ組成シ、自由ニ之ヲ占有シ、管理シ移転シ得ヘキモノナレハ則チ足レリ。必スシモ其物理学上物質タルト否トハ問フヲ要セサルモノナリ。然ルニ今電流カ吾人ニ利用セラルル状態ヲ見ルニ、其経済上価値ヲ有シ法律的貨物タルコト疑ナキノミナラス、吾人ハ自由ニ其上ニ占有及管理権ヲ行フコトヲ得ヘシ。則チ一定ノ目的ニ従ヒ之カ所在ヲ限定シ、之ヲ蓄積シ之ヲ移転スル等一ニ吾人ノ欲スル儘ニ之ヲ支配シ得ヘキコトハ明白ナル事実ニ属ス。故ニ電流ハ窃盗罪ノ目的ト為リ得ヘキモノト論断セサルヘカラス。然ルニ当院ハ之ヲ否定スルヲ以テ是レ明カニ擬律ノ錯誤アルモノト思料ス」（明治三六・五・二一刑録九・七八四）。

これは管理可能性説の考え方を論拠として、有体性説の立場を採る右控訴院判決を攻撃したものである。この考え方を支持して再び本件に有罪を認めた次の大審院判決は管理可能性説を決定的なものとならしめたので有名である。

電気は財物である

【8】（判決要旨）「電流ハ有体物ニ非サルモ、五官ノ作用ニ依リ其存在ヲ認識スルコトヲ得ヘキモノニシテ、之ヲ容器ニ収容シテ独立ノ存在ヲ得セシムルコトヲ得。従ツテ他人ノ所持スル電流ヲ不法ニ奪取シテ之ヲ自己ノ所持内ニ置キタル者ハ他人ノ所有物ヲ窃取シタルモノトス」

（判決理由）「依テ按スルニ物理学上物ト称スルハ形態ヲ存スル所ノ物質ニシテ必ス固体液体気体ノ分類中ノ一ニ属スヘキモノナルコト、電流ハ形態ヲ具有セス随テ固体液体気体ノ何レニモ属セサルヲ以テ物ニ非スシテ物以外ニ存スル一種ノ力ナリトスルハ物理学上動カスヘカラサルノ定説タリ。又民法第八五条ニ依ルトキハ、民法ニ於テ物ト称スルハ有体物ヲ謂ヒ無体物ハ民法上物ニ非サルヲ以テ、民法上ノ物ハ物理上ノ物ト全然一致シ、電流ハ無体物トシテ民法上ノ物ニアラサルコトモ亦明白ニシテ疑義ヲ容ルヘキ余地ナキモノトス。然レトモ、物トハ物理学上及ヒ民法上ニ於テ有体物ノミヲ謂ヒ無体物タル電流ハ物理学上ニ於テモ民法上ニ於テモ物ニアラストスルモ、是レカ為メ刑法ニ所謂物モ亦必ス有体物タラサルヘカラスシテ無体物タル電流ハ他人ノ所有物ヲ窃取スルニ因リテ成立スル窃盗罪ノ目的タルコトヲ得ストノ論結ヲ生セサルモノトス。若シ夫レ物ナル語ハ一定不可動ノ意義ヲ有シ常ニ必ス有体ノ物ノミヲ意味スルモノトセンカ、刑法ニ所謂物ナル語ハ有体物ノ意義ニ解スヘク、之ニ付スルニ他ノ意義ヲ以テスルコト能ハサルヘキハ論ヲ俟タサル所ナリ。然レドモ、物ナル語ハ斯ル一定不可動ノ意義ヲ有スルモノニ非スシテ、或ル場合ニ於テハ有体物ナリトノ極メテ狭キ意義ニ解シ、或ル場合ニ於テハ有体タルト無体タルトヲ問ハス有形的ノ或ルモノ即チ人ノ思想ニノミ存在スル形而上ノモノニアラスシテ五官ノ作用ニ依リ直接ニ其存在ヲ認識シ得ヘキ形而下ノ物ナリト解シ、或ル場合ニ於テハ其意義ヲ拡充シ権利ノ如キ人ノ理想ニノミ存在スル無形物ヲモ指称スルコトアルヲ以テ、刑法ニ於テ物ト称スルハ果シテ如何ナルモノヲ謂フヤハ自ラ刑法ノ解釈上ノ問題ニ属シ、必スシモ物理上及民法上ノ観念ノミニ依拠スルコトヲ要セサルモノナリ。依テ刑法第三六六条ニ所謂物トハ如何ナル物ヲ意味スルヤヲ按スルニ、刑法ハ一般的ニ物ノ定義ヲ与ヘス又窃盗ノ目的タルコトヲ得ヘキ物ノ範囲ヲ限定セサルヲ以テ、或物ニシテ苟モ窃盗罪ノ基本的要素ヲ充タシ得ヘキ特性ヲ有スルニ於テハ窃盗罪ノ目的物タルコトヲ得ヘク、之ニ反シテ、窃盗罪ノ観念ト相容レサル物ハ窃盗罪ノ目的タルコトヲ得サルモノト解釈セサルヘカラス。換言スレハ、刑法カ窃盗罪ノ基本的要素トナセル「窃取」ノ観念ハ、自ラ窃盗罪ノ目的物タルコトヲ得ヘキ物ノ範囲ヲ確定スルノ作用ヲ為スモノニシテ、窃盗罪ノ成立ニ必要ナル窃盗ノ客体タルニ適スル物ハ窃盗罪ノ目的トナリ、窃取ノ客体トシテ不適当ナル物ハ窃盗罪ノ目的タルコトヲ得サルモノト解スヘキモノトス。何トナレハ、刑法カ窃盗ノ目的タルコトヲ得ヘキ物ノ範囲ヲ限定スレハ即チ止ム。既ニ其範囲ヲ限定セス又目的物ノ窃取ヲ以テ窃盗罪ノ基本的要素トナシタル以上ハ、法文ノ解釈上犯罪成立ノ要件タル窃取可能ノ特性ヲ有スル物ハ其何タルヲ論セス総テ窃盗罪ノ目的タルコトヲ得ルト同時ニ、コノ特性ヲ具フル物ニアラサレハ本罪ノ目的タルコトヲ得サルモノト論結スヘキハ事理ノ当然ニシテ、窃取可能性ヲ具フルモノタルニ拘ハラス之ヲ窃盗罪ノ目的物ヨリ除外シ、窃取ノ不可能ナル物ヲ窃盗罪ノ目的中ニ包含セシムルハ、法文ノ主旨ニ添ハサルモノニシテ格段ナル憑拠アルニアラサレハ為シ得ヘカラサルモノナレハナリ。然リ而シテ、刑法草案中ニ窃盗ノ目的物ヲ有体動産ト限定シアリテ、刑法ニ所謂物ハ有体物ノ意義ニ解スヘキカ如シト雖モ、窃盗ノ目的物ハ有体動産タルヘシトノ主意ハ明カニ刑法ノ規定中ニ表示セラレサリシノミナラス刑法ニハ却テ物ナル一般的ノ語ヲ用ヰアルヲ以テ、草案中ニ其主旨ノ規定アレハトテ一般的ノ語ヲ用ヰテ窃盗罪ノ目的物ヲ指示セル刑法ノ規定ヲ制限スルコトヲ得ス。又刑法第三六六条ノ所有物ナル語ハ、民法ニ所謂所有権ノ目的タル有体物ヲ指シタルモノト解シ得ヘキカ如シト雖モ、所有ナル語モ亦極メテ広キ意義ヲ有シ、有体無体ノ別ナク人ト物トノ帰属関係ヲ表明シ、人カ法律上目的物上ニ完全ナル支配権ヲ行フコトヲ得ヘキ状態ヲ指示スルカ為ニ用ヰラレ来リタルモノナレハ、刑法ニ所謂所有物ナル語ハ直ニ民法ニ謂フ所ノ所有権ノ目的タル有体物ノ意義ニ解スルコト能ハサルモノトス。要スルニ、我刑法ノ解釈トシテ窃盗ノ目的物ヲ有体物ニ限定スヘキ確然タル証拠ナキヲ以テ窃取ノ目的タルコトヲ得ヘキ物ヲ以テ窃盗罪ノ目的物トナササルヲ得ス。而シテ、刑法第三六六条ニ所謂窃取トハ、他人ノ所持スル物ヲ不法ニ自己ノ所持内ニ移スノ所為ヲ意味シ、人ノ理想ノミニ存スル無形物ハ之ヲ所持スルコト能ハサルモノナレハ窃盗ノ目的タルコトヲ得サルハ論ヲ俟タス。然レトモ、所持ノ可能ナルカ為ニハ、五官ノ作用ニ依リテ認識シ得ヘキ形而下ノ物タルヲ以テ足レリトシ有体物タルコトヲ必要トセス。何トナレハ、此種ノ物ニシテ独立ノ存在ヲ有シ人力ヲ以テ任意ニ支配セラレ得ヘキ特性ヲ有スルニ於テハ、之ヲ所持シ其所持ヲ継続シ移転スルコトヲ得ヘケレハナリ。約言スレハ、可動性及ヒ管理可能性ノ有無ヲ以テ窃盗罪ノ目的タルコトヲ得ヘキ物ト否ラサル物トヲ区別スルノ唯一ノ標準トナスヘキモノトス。而シテ電流ハ有体物ニ非サルモ五官ノ作用ニ依リテ其存在ヲ認識スルコトヲ得ヘキモノニシテ、之ヲ容器ニ収容シテ独立ノ存在ヲ有セシムルコトヲ得ルハ勿論、容器ニ蓄積シテ之ヲ所持シ、一ノ場所ヨリ他ノ場所ニ移転スル等人力ヲ以テ任意ニ支配スルコトヲ得ヘク、可動性ト管理可能性トヲ并有スルヲ以テ優ニ窃盗罪ノ成立ニ必要ナル窃取ノ要件ヲ充スコトヲ得ヘシ。故ニ他人ノ所持スル他人ノ電流ヲ不法ニ奪取シテ之ヲ自己ノ所持内ニ置キタル者ハ刑法第三六六条ニ所謂他人ノ所有物ヲ窃取シタルモノニシテ、窃盗罪ノ犯人トシテ刑罰ノ制裁ヲ受ケサルヘカラサルヤ明ナリ。然ルニ原院ニ於テ、窃盗罪ノ目的物ハ有体物ニ限ルモノトシ、而シテ電流ハ有体物ニアラサルカ故ニ窃盗罪ノ目的物タルコトヲ得ストノ理由ヲ以テ被告ニ無罪ヲ言渡シタルハ失当ノ判決タルヲ免カレスシテ原院検事長ノ上告ハ其理由アルモノトス」（大判明三六・五・二一刑録九・七八四）。

これは、刑法上の「物」の観念は物理学上の観念でもなく、又民法上の観念でもなく、刑法上の観念として解釈論的に決定すべきものであり、そして、盗取行為の目的となり得るもの、即ち他人の所持を排除して自己の所持に移し得るものであれば、刑法窃盗罪の規定の趣旨目的に照してこれを刑法上の「物」であるということができる。電気は人力を以て製産せられ任意に管理支配し得るかれた価値物であり、これを盗取することが可能であるから、盗罪の客体としての「物」の概念に含まれるものである、従つてこれを盗用する行為は窃盗罪を構成するというのである。即ち第一審判決同様フランス、イタリー、ドイツ等の学説判例に主張された「管理可能性説」に従つたものである。

この判決に対しては当時の学界は賛否両論に分れて激しい論争を交わした（牧野・刑法研究第一巻三三二頁以下、三三七頁以下、同刑事学の新思潮と新刑法四八頁以下、穂積（陳）「電気と法律」法協二一巻二号、四号参照）。反対論の代表者穂積（陳）博士の主張は次のようである。

「法律に正条無き者は何等の所為と雖も罰することを得ざるを以て、その行為が仮令如何程道徳上悪むべきものなりとも、仮令如何に社会に害毒を及ぼすものなりとも、刑法にこれを罰すべき明文無くんば、之を救うは立法問題にして司法問題に非ざるなり。加之『法規無ければ刑罰なし』の格言の実用は刑法の類推適用を禁ずるにあるを以て、有体物に非ざる電気の盗用を以て有体物を要素とする盗罪に擬するが如きは刑法類推の危険を慮れずして目前の利害に拘泥し、之を一時に弥縫する姑息手段を採らんとするものなり」（法協前掲四号四六一頁以下）「管理可能性を以て物の特徴と為すの説は、権利の目的と物は常に同範囲なりとの誤信に基くものなり。……近時法学の趨勢は漸く虚説のフイクチョを避けて自然的説明に従はんとするの傾向にある」（同上一七三、四頁）（尚同旨、泉二・各論六六二頁、大場・各論上五二二頁）。

これは刑法上の物の観念は「有体物」に限るものであり、それ以外に理解する余地のないものであることを前提とする考え方であるが、これに対する大審院判決の立場を支持せられる牧野博士の考え方は次のようである。

「各国刑法の立法者は、その立法の当時に於て、その窃盗に関する正文の『物』なる語に電気を包含せしめる意思を持たなかつたに違いない。しかしながら、立法者の知らなかつたものは之を法律の正文に包含せしめ得ないという理屈はない。縦令立法当時に『物』なる語は有体物を指称すべく使用されたにしても、社会の変遷と共に其の『物』なる語の意義にも亦進化を認めなければならないと思う。従つて、昔は単に『物』を有体物と解釈し、其の観念が頗る具体的であつたにしても、世の変遷と共にその観念が漸次抽象化し、その抽象化した観念を更に演繹して有体物以外に『物』なる観念を適用するのは、法律の解釈をして社会の進化に伴はしめるものであると考えるのである」（牧野・刑事学の新思潮四八頁）。

（二）　その後の学界の大勢は「管理可能性説」に統一されたと見ることができるが、最近またある意味に於て若干「有体性説」に復帰する傾向も認められる。木村教授は「財物罪の規定の目的は財物に対する犯罪的侵害に対して之を保護することにあり、財物に対する侵害はその財物が所持又は管理せられる状態に於て可能であり且つ財物の刑法的保護はその財物が所持又は管理せられた状態に於て為されることを必要とする。従つて、刑法の目的の上からは、財物又は物は、所持又は管理が可能なる総ての物を包含するものとして理解せられることを要」するとして、刑法の特に規定する電気の外に水力、牛馬の牽引力、圧力、人工冷気等のエネルギーも亦財物に含まれると解しておられる（木村・各論一一〇頁）。宮本博士は少しく観察を異にし、凡そわれわれの財産が人間に対して意味を持つのは、それが人間の需要を充す力即ち「効用」を有することに因るのであつて、それが管理可能の状態にあるということも、それが現実に人間の生活に役立ち得る為の一つの条件に過ぎないとせられ、次のように述べておられる。

「財物の財物たる所以は畢竟物の属性たる効用そのものにあると見るのが相当である。……但しここに用語上物の効用といつても、物自体と効用とを区別する趣旨ではない。物理学的観察を離れて専ら価値的に見れば、効用を離れて物があるのではない。即ち価値的には所謂物自体は一切の関係に於ける効用の全部であり、所謂効用は一定の関係に於ける効用であつて、そうして其の物なのである。所[illegible]

五条及び第二五一条に於て、電気はこれを財物と看做す旨を規定したのは、単に注意的規定に外ならない」（宮本・刑法大綱三二一頁）。

まことに博士がいわれるように、有形無形の物が管理可能の状態に置かれているということは、実は人間がそれ等の物を現実に生活目的に役立て得る為の条件であつて、管理し得ること自体に意味があるのではない。然しながら、財物の観念をこのように純価値的に理解するときは、刑法が区別している「財物」の観念と「財産上の利益」の観念との区別が困難になる。それで木村教授は「財物は、物体及び物体に含まれた価値の両者を包括的に意味するもの」（上掲書一一三頁）とせられ、小野博士は「財物を有体物に限ることは明確なる標準を示す点に於て優つているばかりでなく又実際上ほぼその刑法上の概念としての目的を達し得る。しかし電気以外にも刑法上保護せらるべき若干の経済財貨の存在を想像し得ないわけではないから、この点から見て管理可能性説を以て可とすべきであらうか」（小野・講義五四八頁、概論三五〇頁）とせられ疑念を留保しておられる。日沖教授は管理可能性説乃至効用説に対して更に強い疑念を表明して居られる。

「管理可能性説の見解に依れば、第二四五条は単に注意規定としての意味を持つに過ぎず、凡そ管理の可能な限り電気以外の一切の謂わゆる無体物も窃盗罪の客体となり得ることになる。……物の概念をここまで拡げることは果して法的安全性を冒さないで済むであろうか。物とは先ず外界に客観的な存立を有するものでなければならず、そこには物質性というものを除け去るわけには行かない。物質性とは謂わば五官に依り感覚し得るものであり、この意味に於て電気の如きものもやはり物質性を備えるものとして有体物と考えられぬだろうか。近代の物理学は、電気の物質性を肯定する方向にあるといえよう（Vgl. Frank, Komm. 18. Aufl. S. 503）。かように考えてゆけば……財物はやはり有体物であることを要するという結論に導かれる。」（日沖・財物の概念、刑事法講座四巻八四二頁）。

（三）　財物の概念について、管理可能性説を採る場合は勿論有体性説を採るに於ても瓦斯は物体であり財物であることについては疑問はない。旧刑法の時代に、計量器を通じて燈火用瓦斯の供給を受けていた者が、その計量器に不正に加工して瓦斯を盗用したという事案についての判例がある。

瓦斯は財物である

【9】「瓦斯ハ一種ノ物体ナルヲ以テ他人ノ製造ニ係ルトキハ刑法第三六六条ノ所謂他人ノ所有物ニシテ之ヲ窃取シタル者ハ同条ノ制裁ヲ免カルルコトヲ得ス。而シテ原院ノ認定スル所ニ依レハ、被告等ハ計量器ノ装置ニ依リ瓦斯会社ヨリ瓦斯ノ供給ヲ受ケ、正当ニ同計量器ヲ通過シタル瓦斯ニ非サレハ之ヲ使用スルノ権ナキニ拘ラス……不正ノ手段ニ依リ計量器ノ表示ヲ脱漏セシメ……使用スルハ即チ瓦斯会社ニ属スル瓦斯ナル一ノ物体ヲ窃取シタルモノナレハ窃盗罪ヲ構成スルモノトス」（大判明三七・四・二八刑録一〇・九一〇）。

三　管理可能性の限界

（一）　一般に管理可能の状態に置かれた価値物は財物の概念に含まれるとしても、その管理可能性の範囲又は限界をどのように認定すべきかについて疑問が生ずる。第一に、ラジオ放送又は放送せられた電波は、人工的に多額の費用を投じて産出せられたものであり、これを不正に盗聴することも可能なものであるが、電気とは性質が異り、これを盗聴した為に放送電波が減少損耗するというわけのものではない。従つてその盗聴は電気窃盗・瓦斯窃盗等と趣を異にするものがある。この意味に於て放送電波は、その管理可能性に特殊性があるといわねばならない。それで放送電波（ラジオ放送）は現代の社会に於ては相当経済価値を有する一種の財貨としての意義を有するに拘らず、それの盗聴は刑法の財物窃取の観念にも、「財産上の利益」の領得の観念にも該当しないものとせられ、単に無線電信法一六条違反の罪責を生ずるに止るものと解されている。従つてラジオの放送電波は刑法に謂つゆる財物の観念に含まれないとされているわけである。次の判例は大正一四年七月頃大阪逓信局の許可を受けずに自宅に聴取無線電話器を設置してラジオ放送を盗聴していたという事案について無線電信法違反の罪責のみを認めたものである。

放送電波は財物ではない

【10】「無線電信法第一条及ヒ第二条ニ於テ無線電話ヲ政府管掌ニ属セシメ、之ヲ施設スルニハ法定ノ事由アル場合主務大臣ノ許可ヲ要スト規定シ、同第一六条ヲ以テ許可ナクシテ無線電話ヲ施設シ若クハ許可ナクシテ施設シタル無線電話ヲ使用シタルモノヲ処罰スル所以ノモノハ、……現実ニ無線電話機ニ依ル通信ノ秘密ソノ他一般社会ノ安全ヲ侵害スルノ虞アリテ、従ツテ之ニ必要ナル国家ノ監督権ヲ侵害スルモノ」なるが故なり。「故ニ許可ナクシテ斯ル行為ヲ為スニ於テハ何レモ同第一六条ニヨリ規律セラルヘキハ多言ヲ要セサルトコロナリ。然リ而シテ時事音楽等ノ放送用私設無線電話ノ施設使用カ近時ニ至リ著シク発達セル現象ナルコト所論ノ如シト雖モ、無線電話タルノ性質ニ於テハ毫モ他ト異ル所ナケレハ之カ一般取締法規タル前記法律ノ支配ヲ受クヘキコト当然ニシテ原審カ被告人ノ判示所為ニ対シ同法第一六条ヲ適用処断シタルハ違法ニ非ス」(大判大一五・三・四刑集五・六六)。

(二)　河川の砂利や海浜の砂利等は、河川又は海浜の土地が国家又は地方公共団体の所有に属する場合には、その土地不動産を構成する要素として、国家等の所有に属するものと見ることができるわけである。しかし、国家等が現実に之を支配する可能性を有するものと見るべきか否かについては疑問がある。最近の二つの判例がこの問題に答えている。

河川の砂利は財物でない

【11】「刑法上の窃盗罪で保護すべき法益は、刑法によつて保護する価値があり、刑法によつて保護する必要があり、且つ刑法によつて保護することが可能でなければならない。然るに河川の砂利（原判示砂利、砂、

栗石を含む）は、上流の大きい石が砕け、流れに押されて下流に流されて行くうちますます小さくだけて砂利となり自然に発生するものである。又河川の流水の増減遅速等に依つてその移動性は変化に富んでいるが大体に於て下流に行くに従つてゆるやかになり河川の河口及び附近の海底にまで流されてそこに堆積するに到るのである。従つて流水のように流動的ではないけれどもその自然に発生し自然に移動して止まない砂利の本質から本件のような砂利に対し当局は実力支配の可能な地位を有することができない。かかる砂利に対しては刑法的保護の価値も必要もないといわねばならない。」（大阪高判昭二九・三・三〇刑集七・二一一）。

これは、河川を流れている流水は不断に流動しているのでこれを停止して実力支配し得ないのと同様に、河川の砂利も自然に発生し自然に移動しているものであるから、その河川敷地の所有権者もこれを支配し所持するということは不可能であるから、管理可能性の限界を超えるものであり、従つて刑法的保護の価値も必要性も認められないから「財物」の観念に含まれないとしたのである。

海浜の砂利は財物でない

【12】「私人の所有管理に属しない海浜の砂利については国家、又は地方公共団体の所有に属するものと考えられないこともなく、一応その管理に服すべきものと認むべきである。然しながらその管理は公共の利用を確保する為等の行政的管理に過ぎず、その侵害に対し刑法の窃盗罪の規定に依つて保護することを必要とする程度の管理占有とは認められない。」（広島高判昭二九・九・三〇刑集七・一四五）。

これは前者と少しく趣を異にし国家等の管理支配が不能でないとしても、それは行政的管理意思の対象とされているに過ぎないから、刑法上の財物として取扱うべき物ではないというのである。

三　不可動の不動産の財物性

窃盗罪の客体としての不動産物件

（一）　不動産も亦経済上、法律上重要な財産であり、その不動産を構成する物件は広い意味の財物の観念に含まれることについては疑問の余地はないわけである。従つて、後述のように不動産物件も亦詐欺罪、恐喝罪、横領罪等の財産罪の客体となり得ること、従つてこれらの犯罪の客体としての「財物」の観念に含まれることについては、学説上異論なく、多くの判例もこれを認めている。問題は盗罪の客体としての財物の観念に不動産物件が含まれるかという点である。盗罪は目的物件を「盗取」することが要件であり、そして盗取という行為は権利者の事実的所持を排除して犯人の事実的支配内に目的物を移す行為をいうのであり、不動産はその位置を変更することができないから犯人の事実的支配内に「移す」ことは不可能であるという観察から、ローマ法以来窃盗罪の客体は可動物件に限るのが伝統であつた（I.75 D. 47, 2）。コンモンローの法域においても、不動産（real property）は盗罪の客体たり得ないものとされている（Kenny, Criminal Law 1936 P. 226 ; Clark and Marshall, Law of Crimes 1940 P. 376）。ドイツ刑法二四二条は窃盗罪の客体を「他人の可動物」（fremde bewegliche Sache）に限定しているので不可動の不動産を含まないことは明白である。又このような明文を設けていない立法例に於ても解釈上不動産物件を含まないものとされるのが普通である（Vgl. Vergleichende Darstellung, VI. Bd. S. 231）。

（二）　然るにわが刑法に於ては窃盗罪の客体を示すのに単に他人の「財物」と指示しているに過ぎないので学者の間に積極消極両論が分れているのである。問題となるのは、例えば隣接地との境界線をずらせて他人の土地の一部を自己に取り込むような場合、又は他人の家屋をその占有者に暴行脅迫を加えて奪取占拠するような場合であるが、このような場合については未だ起訴せられた例がないので、直接正面から裁判所の見解を示した判例は出ていない。ただ前掲電気窃盗に関する【8】判決文中に「窃取可能ノ特性ヲ有スル物ハ其何タルヲ論セス総テ窃盗罪ノ目的タルコトヲ得ルト同時ニ、コノ特性ヲ具フル物ニ非サレハ本罪ノ目的タルコトヲ得サルモノト論結スヘキハ事理ノ当然」であるとして、不動産に対する窃盗の成立が不可能である旨を暗示している。従つて我が裁判所は不動産が不動産として存する間は盗罪の客体としての財物に含まれないものと解しているようである。それで古い学説は概ねこの判例と同様消極の見解を採つている（大場・各論上五三四頁、泉二・日本刑法論下七五八頁以下）。この立場を採る泉二博士の見解は次のようである。

「予輩ノ見解ニ依レハ、不動物体ニ付テハ被害者カ自己ノ意思（仮令瑕疵アリト雖モ）ニ依リ其所持ヲ犯人ニ移シタルトキハ自己ノ所持ヲ喪失スト雖モ、所持ヲ移転スル意思ナク、且ツ其物ノ位置カ現状ヲ変セサル以上ハ、犯人之ニ占拠スルコトアルモ被害者ニ於テ当然其所持ヲ失フモノニアラサルカ故ニ、不動物体ハ之ヲ騙取スルコトヲ得ルモ盗取スルコトヲ得サルモノトス」「物ノ位置カ移転スルコトナク依然トシテ従来ノ所持者ニ於テ何時ニテモ其支配力ヲ原状ニ回復スルノ実効ヲ奏シ得ル関係ニアルトキハ刑法上ニ於ケル所持ノ消滅ヲ認メサルヲ以テ所持ノ一般観念ニ適合スルモノナリト解スヘキカ如シ。而シテ位置ヲ移転シ得ヘキ可動物体ハ一旦コレヲ持去ルトキハ、被害者ニ於テ事実上其所持ヲ回復スルノ実効ヲ奏スルコト殆ト不可能ナリト雖モ、不動物体ハ其占有ヲ侵害セラルルモ此ノ如キ状態ニ陥ルモノニアラサルカ故ニ、所持ノ喪失ニ関シ二者ノ間ニ区別ヲ認ムルコト不当ニアラサルヘシ」（上掲書七六四頁）。

要するに不可動の不動産は、奪取してもその位置を動かし得ないのであるから、被害者が未だその占有を排除されたと認め得ない、また犯人がそれを占拠した場合に於ても、権利者は容易にこれを回復し得る立場にある、という観察を論拠として消極説を採られるのである。この見解に対して牧野博士は夙に疑義を抱かれ反対の見解を述べて居られる（刑法研究一巻二一四頁以下）。博士は「占有なる事実は社会の秩序の上から特に尊重すべき法益であつて、占有の侵害は単にその侵害ということだけでこれを窃盗と認むべきではなかろうか……従つて不動産の窃取ということは可能であるのみならず、現在数多の実例を認めることができる」とせられ、最近は次のように説明しておられる。

「理論として、奪取の観念に関する遷移説、隠匿説の如きは、判例自身が一般の場合についてそれを採らないのであり、単に所持の移転を以て足りるものとしているのであつて見れば、不動産についても亦その所持の侵害ある以上、それに対する窃盗罪の成立を認めて然るべきである。そして次に、実生活上の事実について考えるときは、不動産の所持が侵害せられた場合に於て、不動産自身はその所在を変じないにしても、権利者がその権利を実行することのしばしば困難なのであることは顕著なものといわねばならない」（牧野・刑法各論下六一一頁以下）。

これは不動産も亦その所持（占有）が侵害され得るものであり、物の所持を侵害することが「窃取」（奪取）の観念に該当すると認むべきであるから不動産に対する窃盗罪は可能であるとされるのである。この積極説は今日の殆ど通説と言つてよいであろう（宮本・大綱三三九頁、木村・各論一一二頁、滝川（幸）・各論一〇九頁、植松・各論二三七頁以下）。小野博士も結局これと同旨に帰するようである。「動産（可動物件）が盗取された時に、その物は転々として容易にこれを回復することができないのに反して、不動産（不可動物件）は他人に占拠されてもその位置を変じないからこれを回復する途がないではない。その社会的意義において両者趣きを異にするものがある。だから果して窃盗罪の観念をこれにまで及ぼすべきかは考慮の余地があろう」といわれながらも、続いて「然し戦災後の都市に於ける事情等を考えて見ると、一旦占有を奪われた場合にそれを回復することは極度に困難であり、ある場合には事実上不可能でさえある。山林や耕地についても、その占有を刑法的に保護する必要はないとはいえない。境界線を超えて隣地の一部を取込む如き有形的な占有の侵害は、正に窃盗の類型に属するというべきである」（新訂刑法講義各論二三三頁以下）といわれるのであるから、結局不動産物件も亦窃盗罪の客体としての財物に含まれることを承認されるのである。イタリー刑法第六三一条は、他人の土地の全部又は一部を領得する為めに境界を移動し又は変更した者を窃盗の刑を以つて罰する旨を規定したのは、このような現実社会の必要性を認めたものである。

(三)　家屋等建造物の占有を奪取した場合についても盗罪を認めた判例は存しないが、司法協会刑事審査会が昭和六年に発した質疑回答がある。これに依れば人の看守する家屋を暴行脅迫を以つて奪取占拠した場合は、財物強取罪を認め得ないとしても強制利得罪(強盗罪)を認め得るとされている。

家屋の不法占拠は財物奪取ではなく財産上不法の利益の奪取である

【13】問「他人ノ所有ニ係ル空家ヲ不法占拠シタル者ハ窃盗罪ヲ以テ論スヘキヤ、若シコノ場合所有者ニ対シ暴行脅迫ヲ加ヘタル時ハ如何」

答「戸締リアル空家ニシテソノ戸締ガ一ノ看守方法ト認メ得ラルル場合ニ於テハ家宅侵入罪カ成立スヘキモ、本問前段ノ如キ場合ニハ窃盗罪ハ成立シナイ。ソノ空家ノ占拠ガ、暴行脅迫ニ因ル場合ニ於テハ刑法第二三六条第二項ニ所謂強盗罪カ成立スルモノト解スヘキデアル」(司法協会雑誌一〇巻一〇号所掲)。

(四)　不動産を構成する物体の一部が自然的に又は人為的に分離せられた場合には、その分離せられた部分は普通の動産であり従つてこれに対する盗罪の成立し得ることは判例学説共にこれを認めている(牧野・各論下六一〇頁、木村・各論一一二頁、日沖・前掲書八三九頁)。この点に関する多くの判例がある。

立木もこれを伐採したときは可動財物である

【14】「不法領得ノ意思ヲ以テ他人所有ノ立木ヲ伐採シタトキハ、ソノ行為ノ終了ト同時ニ窃盗既遂罪ヲ構成スルモノトス」(大判大一二・一一・一二刑集二・七八四)。

これは土地と一体を為していた不動産としての立木もこれを伐採したときは人為的に動産化されたこ

のであり、そしてその伐採の行為が同時に窃取の行為に当るものと認めたのである。これと同様に他人所有の土地から稲立毛を刈取つたという事実についても窃盗罪の成立を認めている（大判昭二・六・一四刑集六・三三二）。

桑葉を摘採したときは可動財物である

【15】「桑畑ノ賃借人カ抵当権実行ノ結果競落人タル者ヨリ強制執行ヲ受ケ、ソノ桑畑ハ桑樹定着ノママ競落人ノ占有ニ帰シタルニ係ラズ、ソノ畑ニソノ競落人ノ承諾ナクシテ耕作施肥シ、之ニヨリテ発芽シタル桑葉ヲ摘採スルトキハ窃盗罪ノ成立アルモノトス」（大判大一五・七・一六刑集五・二二八）。

最高裁判決も、他人の苗代から稲苗を抜き取つて自己の借りようとする水田に植えつけたという事案について窃盗罪の成立を認めている。

他人の苗代から抜き取つた稲苗は可動財物である

【16】「原判決の判示したところは、被告人等は共謀の上大挙して判示約六十坪の苗代から判示稲苗全部を抜き取り、更に之を判示水田全部に植えつけた上他人の立入を禁止する為判示立札を同所に樹立して右稲苗を窃取したと認定したものである。そして、抜取り行為を以て所有者Yの所持を不法に侵害し、更に爾余の行為を以てその不法に占有を侵害した稲苗を事実上被告人等の支配内に移したと認定したものと解することができる」（最判昭二五・四・一三刑集四・四・五四四）。

二　詐欺罪、恐喝罪、横領罪の客体としての不動産

（一）　不可動の不動産は盗罪の客体としての財物に含まれるかについては問題があるとしても、騙取罪及び横領罪の客体としての財物に含まれることについては何等疑問がないのでこれを認めた多くの判例がある。

（二）　先ず詐欺罪について、不動産を客体とする場合にも可能であることが旧刑法の時代から認め

られている。

不動産も財物である

【17】「詐欺取財罪（旧刑法三九〇条）ニ於ケル財物ニハ不動産ヲ包含ス」（大判明三一・四・二二刑録四・五・五一）。

地所建物は財物

【18】「他人ヲ欺罔シテ地所建物ヲ騙取シタル所為ハ詐欺取財ヲ以テ論ス」（大判明二九・九・二五刑録二・八・六六）。

同趣旨

【19】「被告ハ不動産ノ詐欺取財ハ登記完成ナラテハソノ罪ヲ構成セスト論告シ、或ハ不動産（就中地所）ハ詐欺取財ノ物体トナルヘキモノニ非スト論告スレトモ、不動産モ亦財物ナレハ或手段方法ヲ以テ之ヲ騙取スルニ於テハ刑法第三九〇条ニ規定スル犯罪ヲ構成ス」（大判明二七・一一・一九刑録明二七・四三三）。

建造物も財物

【20】「詐欺取財罪ト盗罪トハ斉シク之レ他人ノ物ヲ不正ニ取得スル罪ナリト雖モ、一ハ承諾ヲ得テ取得シ、一ハ承諾ヲ得スシテ取得スルモノナルヲ以テ、盗犯ノ目的ハ現実ニ物ノ所在ヲ移転シ自己ノ占有ニ移スニアラサレハ之ヲ遂スル能ハス。従ツテソノ目的物ハ必スヤ移転シ得ヘキモノタラサルヘカラス。然レトモ、詐欺取財罪ノ目的ハ、現実ニ物ノ所在ヲ移転スルコトナクシテ之ヲ遂シ得ルコトアルカ故ニ其目的物ハ必スシモ移転シ得ヘキモノタルコトヲ要スルモノニ非ス。故ニ詐欺取財ノ罪質上不動産ト雖モソノ目的物タリ得ルノミナラス、法文ニモ財物トアリテ動産ト不動産トヲ区別セサレハ、原院カ建造物騙取ノ罪ヲ認メタルハ洵ニ相当ニシテ本論旨ハ理由ナシ」（大判明三六・六・一刑録九・三九〇、抄録五・六五二）。

これは、不動産は騙取又は奪取の目的と為し得るものではない、騙取又は奪取は有形的に現実に物の所在を移転してこれを自己の所持に移すことを意味する、と主張した上告論旨に答えたものである。

同趣旨

【21】「法理上ヨリ観察スルニ、元来詐欺取材ノ罪ハ、窃盗ノ罪トハ性質同シカラスシテ、即チ其ノ成立ニ付テハ窃盗罪ノ如ク必スシモ物ノ握取遷移ノ行為アルコトヲ要セサルモノナレハ、常ニ一定ノ場所ニ存在シテ握取遷移ノ不能ニ属スル物件ト雖モ亦詐欺取材ノ目的物ト為スニ妨ケアルコトナシ。……騙取ナル法語ハ、欺罔又ハ恐喝ノ結果他人ノ財物ヲ犯人ニ於テ自由ニ処分シ得ヘキ状態ニ置クコトヲ意味スルモノニシテ、従テ騙取行為ニハ常ニ必スシモ其ノ目的物ヲ握取遷移スルノ事実アルコトヲ要スルモノニアラス。」（大判明三九・三・一五刑録一二・三二九）。

このように、不動産も詐欺罪の客体としての財物に含まれることは明白であるとしても、欺罔手段を以つて相手方にその譲渡の意思表示を為さしめることが、従つて「犯人ニ於テ自由ニ処分シ得ヘキ状態ニ置ク」ことが、直に「財物」を騙取したことになるのか、それとも単に「財産上不法の利益」を得たに止ると見るべきかについて疑念が起る。判例に次のような見解の発展が示されている。

不動産譲渡の承諾は財物騙取

【22】「苟クモ詐欺ノ手段ヲ以テ不動産所有ノ移転ヲ承諾セシメタルニ於テハ、之ト同時ニ詐欺罪ハ完全ニ成立スル」（大判明四二・五・一四刑録一五・六一三）。

不動産を自由に処分し得る状態に置けば財物の騙取

【23】「現行刑法及ヒ旧刑法ニ於ケル不動産騙取罪ノ成立ニハ、必スシモ犯人カ不動産ノ占有ヲ獲得シタル事実アルヲ要セス。苟クモ被害者ヲ欺罔シ其ノ不動産ヲ犯人ノ自由ニ処分シ得ヘキ状態ニ置カシメタルトキハ、被害者カ真ニ其ノ所有権ヲ犯人ニ移付スルノ意思ヲ表明シタルヤ否ヤニ関係ナク該犯罪ヲ構成ス」（大判明四二・六・一七刑録一五・七八五）。

不動産移転の意思表示を得れば財物騙取

【24】「詐欺ノ既遂罪ヲ構成スルニハ、動産ニアッテハ欺罔手段ヲ施シ人ヲシテ之ヲ引渡サシムルヲ必要ト

スレトモ、不動産ニアッテハ然ラス。苟クモ欺罔手段ヲ施シ人ヲシテ之カ所有権ヲ移転スルコトヲ承諾スル意思表示ヲ為サシムレハ足ル。登記又ハ引渡ヲ完了スルカ如キハ其ノ構成ノ要件ニアラス」（大判明四四・三・九刑録一七・二九二）。

不動産移転の意思表示を得るは財産上の利益の騙取

【25】「不動産ノ騙取ヲ目的トスル詐欺罪ニアッテハ、其ノ不正領得ノ目的トスルモノカ人ヲ欺罔シテ所有権移転ノ意思表示ヲ為サシムル場合ニ於テモ、倘現実ニ不動産ノ占有ノ移転又ハ其ノ所有権移転ノ登記アリタルトキヲ以テ完成スルモノトス」（大判大一二・一一・一二刑集二・七八七）。

立木譲渡の承諾を得るは財物騙取

【26】「立木ヲ騙取スル目的ヲ以テ売買名儀ノ下ニ其ノ所有者ヲ欺罔シ、之カ売買契約ヲ為サシムルニ於テハ、之ニ依リ其ノ立木ノ所有権ハ直ニ犯人ニ移転スルコトアルヘシ」（大刑聯判大一一・一二・一五刑集一・七七〇）。

（三）　恐喝罪及び横領罪の客体としての財物中に不動産が含まれるのは当然のこととして認められている。

恐喝の手段に因て不動産所有権移転を同意せしめた場合は財物喝取である

【27】「所有権ハ法令ノ規定ニ依ルニアラサレハ絶対ニ侵害セラルルコトナキモノナルヲ以テ、土地所有権者ハ如何ナル高価ヲ以テスルモ他人ノ為ニ所有権ノ移転ヲ強要セラルヘキニアラス。故ニ、苟モ所有者ヲ恐喝シ真意ニ反スル所有権移転ノ意思ヲ表示セシムルニ於テハ、恐喝罪ノ成立スルコト論ヲ俟タス」（大判明四四・一二・四刑録一七・二〇九五、新聞七六五・二八）。

この場合の意思表示についても、それは「財物」を交付せしめた意義を有するものと見るべきか、単に「財産上の利益」を提供せしめたに止るものと見るべきかについて問題がある。それで本判決は右に引続いて、土地所有権移転の意思表示を為さしめたに止まりその登記引渡を得なかったときは

「財産上不法の利益」を得たものに該るとしている。

土地所有権移転の意思表示は「財産上の利益」

【28】「被告等カ（恐喝手段を以て）土地所有者ヲシテ土地所有権移転ノ意思表示ヲ為サシメタル場合ト雖モ、未タ登記又ハ引渡ノ手続ヲ完了セサルニ於テハ、其ノ土地ヲ被告等ノ自由ニ処分シ得ヘキ状態ニ置キタルモノニアラサレハ、刑法第二四九条第一項ニ所謂財物ノ交付アリタルモノニ該当セス。然レトモ土地所有者ニシテ被告等ニ対シ所有権移転ノ意思表示ヲ為シタル以上ハ、所有権ハ直ニ被告等ニ移転スヘキヲ以テ、被告等ハ同条第二項ニ所謂財産上不法ノ利益ヲ得タルモノニ外ナラス」（大判明四四・一二・四刑録一七・二〇九五）。

所有権移転の意思表示があれば、直にその不動産の所有権が被告に移転することを認めながら、登記又は引渡が完了しない間は「財物の交付」がないから単に「財産上の利益」を得たものに過ぎない、というのである。

登記上所有名義を有する者は他人の「物」の占有者であり、その不動産は横領罪の客体としての財物

【29】「被告ハ仮装ノ売買ニ依テ登記上本件土地建物ノ所有者タル名義ヲ有シ、自由ニ之ヲ処分シ得ヘキ状態ニアル者ナルヲ以テ、刑法ニ所謂他人ノ物ノ占有者ナリト謂ハサルヘカラス。従ツテソノ土地建物ヲ壇ニ売却スルニ於テハ茲ニ刑法第二五二条ノ横領罪ヲ構成スルコト勿論ナリ」（大判明四二・四・二九刑録一五・五二四）。

同趣旨の判例は多数あるが省略する。

四　交換価値又は金銭的価値を有しない物の財物性、特に各種文書の財物性

一　問題の意義

(一)　財産罪は人の財産的法益を保護する為の規定である。財産である限り金銭的価値即ち経済的価値を有するのが普通である。然しながら、個々の財物がその所有者にとつて財貨としての意義を持つのは、それが直接又は間接に何等かの生活目的に役立つ性質即ち「効用」を有するからである。ところで、その効用は広く不特定多数人に認められる性質のものである場合には交換価値又は金銭的価値を認められることになるわけであるが、その効用が極めて特殊なものである場合、即ちある特定の人の特殊な個人的需要又は特殊な主観的需要に対してのみこれに満足を与える意義を持つものである場合には、例えば特定の人の先祖の系譜又は死亡親族の写真の如きものは、一般的な需要の対象となるものではないから何等の交換価値も金銭的価値も認められないとしても、それの所有者にとつては多大の金銭的価値あるものにも替え難い程の貴重性を認められる場合がある。このような特殊な主観的価値又は特殊な用途目的にのみ役立つ物も法的保護を拒絶すべき何等の理由がないばかりでなく、このような特殊な価値物も刑法的に保護せられることに依つて初めて人の財産的利益即ち有価値物の保護を全うし得るわけである。それでこの種の金銭的価値を認められないものも財産権又は所有権の目的とせられているのであり、従つてその侵害に対して刑法財産罪の規定を以て保護せられるのは当然であるといわねばならない。判例も亦この立場を採つている。

(二)　然しながら各種の文書類に関しては、財産的利益又は経済的生活に全然関係を持たないものがあるので、そのような文書類を盗取又は騙取した場合にも財産罪の成立を認むべきかについて疑問が起る場合が多いのである。それで判例は一方に於て刑法上の財物の概念としては交換価値又は金銭的価値を有するものであることを必要とせず、所有権の目的となり得るものであればよい、としながら、他方に於て後述のように偽造証書、印鑑証明用紙、旅券、米穀輸送証明書のようなものは、財物の概念に含まれないものと認定して、これに対しては盗罪、騙取罪等の財産罪は成立しないものと解している。この両者の区別の一般的標準を見出すことは極めて困難であるから、判例は具体的事案毎に個別的に判定している。

二　各種証書類の財物性

(一)　文書はそれ自体としては一片の紙片に過ぎないので、金銭的価値又は交換価値を有しないのが普通である。然し現代の社会生活に於ては、或は一般取引に於て権利義務に関する事実関係を証明する資料として、或は訴訟関係等に於て一定の事実の存在又は不存在を立証する資料として、極めて重要な意義を有するものであり、従つて相当の金銭的価値あるものにも優る価値物として取扱われる場合が多いのである。然しながら、文書の価値はその記載の内容及びそれを所持する関係当事者の立場に依つて種々雑多であり、如何なる意味に於ても無価値のように見える場合もあるので屢々その財物たる性質が問題とせられ、これに答えた判例が多い。

(二)　先ず盗罪の客体として財物性を認められたものを挙げてみよう。

貸金証書は財物

【30】「刑法第二三五条ニ謂ユル財物トハ財産権殊ニ所有権ノ目的トナルコトヲ得ヘキモノヲ謂ヒ、金銭的価値ヲ有スルヤ否ヤハ問フ所ニアラサルモノトス。原判決ノ認ムルトコロニ依レハ本件貸金証書ハ被告ノ父ノ所有ニ属スルモノナルヲ被告カ盗ミ出セルモノニシテ、窃盗ノ目的物タルコトヲ得ヘキハ勿論……ナリ」（大判大三・三・二二刑録二〇・三二六）。

脅迫に因る無効の約束手形も財物

【31】（判決要旨）「強盗ノ目的ヲ以テ人ヲ脅迫シ新ニ約束手形ヲ作成セシメタルトキハ、ソノ手形ハ法律上無効ニシテ金銭的価値ヲ有セサルモ所有権ノ目的トナリ得ヘキ有体物ナルヲ以テ之ヲ作成者ノ所持内ヨリ強奪シタル所為ハ強盗罪ヲ構成スル」

（判決理由）「強盗又ハ窃盗ノ目的物タル財物ハ、所有権ノ目的ト為リ得ヘキ有体物ニシテ、必スシモ金銭的価値ヲ有スルモノタルコトヲ要セサルナリ。故ニ既存ノ約束手形カ強盗罪ノ目的物タルコトヲ得ルハ勿論、強盗ノ目的ヲ以テ人ヲ脅迫シテ新ニ約束手形ヲ作成セシメタルトキハ、該手形ハ法律上無効ニシテ金銭的価値ヲ有セサルモ、所有権ノ目的ト為リ得ヘキ有体物ナレハ、強盗罪ノ目的物タル財物タルコトニ於テ妨ケナキヲ以テ、之ヲ作成者ノ所持内ヨリ強取スレハ強盗罪ヲ構成ス」（大判明四三・二・一五刑録一六・二五六）。

これは、既存の証書類であれば有形財物と見ることができるとしても、未存のものは有体物ではない、そして、暴行脅迫に依つて作成せしめた約束手形は法律上全く無効であるから、これを被害者の財産ということはできない、従つて又その所持の有体動産と見るべきものではないから盗罪の目的たることを得ないものである、という上告論旨に答えたものである。同趣旨の判例が幾度も繰返されている。

賠償を予約せる記証は財物

【32】「原判決ニ於テ認定セル本件強盗ノ目的物ハ、所論ノ如ク謝罪ノ意思表示ニアラスシテ、判旨宅正ヲ

指スモノト解スヘキハ洵ニ明白ナリ。而シテ右詑状ナルモノハT税務属名儀ヲ以テ過テZ所有物置小屋ヲ捜索シタルニ付キ、紛失物等アリタルトキハ相当弁償スル旨Zニ宛テタル証書ニシテ単純ナル謝罪状ニ止マラス紛失物アリタル場合ニ於ケル賠償ヲ予約スル債務証書タルノ性質ヲ有シ、当然所有権ノ目的ト為リ得ヘキヲ以テ、之ヲ財物ト称スルヲ妨ケス。而シテ他人ニ対シ暴行脅迫ヲ以テ、右ノ如キ証書ヲ作成セシメテ之ヲ交付セシメタルニ於テハ財物ヲ強取シタル行為ニ該当シ、当然刑法第二三六条第一項ノ強盗罪ヲ構成スヘキモノトス」（大判大六・六・一一刑録二三・六五七）。

これは、若し被害者に強要作成せしめた文書が単純な謝罪の意思を表明した詑証であれば、刑法第二二三条の強要罪を構成するに止まるであろうが、本件の文書は損害があつたときはその賠償を為す旨を記載しているから債務証書たる意義を有する、というので「財物」であると認定し強盗罪を認めたのである。然し、このような意思表示は財産的意義を有するものであるとしても、そうして、それが文書に記載されたとしても、「財物」というよりも「財産上の利益」と見る方が相当であると思われる。判例はこのような場合には、文書という有体物に記載された意思表示は、有体物として事実証明等に付き独立の意義を認められるというので「財物」であるとしているようである。

権利義務の証明に関係のない文書も財物

【33】「刑法（旧）第三七八条ニ所謂財物中ニハ総テノ証書ヲ包含シ、民法上ノ権利義務ヲ証明スル証書ハ勿論、民法上ノ権利義務ノ証明ニハ何等ノ関係ナキ証書ト雖モ、苟クモ人ノ所有ニ属スルモノナル以上ハ強盗罪ノ目的トナリ得ヘキモノトス。本件ニ於ケル犯則事件取調顛末書ハ三春煙草収納所勤務専売局書記Kカ作成ノ上携帯シタルモノニシテ同煙草収納所ノ所有ニ係リ、煙草専売法違反事件ノ検挙ニ必要ナル証拠書類ナレハ、刑法第三七八条ニ所謂財物タルコト毫モ疑ナキヲ以テ、原院カ本件被告等ノ所為ヲ強盗ナリトシテ処断シタルハ法律ノ適用ヲ誤リタルモノニアラス」（大判明四〇・五・二一刑録一三・七一）。

これは、犯則取調顛末書のような文書は、民法上の権利義務を証明する証書ではなく、従って民法上の財産の侵害を罰する盗罪の目的物としての「財物」に含まれるものではない、と争った上告論旨に答えたものである。判例は苟くも所有権の目的となるものは財物であるという立場を採っているようであるが、後述のように若干の文書については、所有権の目的となること明白であるのに、財産的意義が乏しいというので「財物」に含まれないとしているのであるから、「所有権の目的」という標準には一貫しないものがあることに注意せねばならない。判例は「財物」の概念を規定するのに常に目的物を奪取する手段、即ち暴行脅迫、欺罔恐喝等の手段の危険性を考慮し参酌しているように思われる。

債務免脱の証書も財物

【34】「本件詫状ハ曩ニ甲カ乙方ニテ窃取シタル被害ヲ賠償スヘク甲ニ於テ之ヲ賠償スルコト能ハサル場合ニハ丙ニ於テ之ヲ引受ケ賠償スヘキ旨ノ債務ヲ負担シ居リタルヲ、其ノ履行ヲ免カルル為其ノ根本事実タル窃盗ハ事実無根ニシテ丙ニ対シ賠償ヲ求メタル虚偽ノ言掛リナル旨ヲ認メタルモノニシテ、債務免脱ノ証書ナレハ財物タルコト勿論ナリトス」（大判昭五・二・一三刑集九・一三六）。

これは、被告が被害者を恐喝して判示趣旨の詫状を差入れさせたという事案に関するものである。詫状であつても、債務免脱の意義内容を有する場合は「財物」であるというのである。これも「財産上の利益」とも見られる。

共産党中央指令綴は財物

【35】「強窃盗罪において奪取行為の目的となる財物とは、財産権殊に所有権の目的となり得べき物をいい、それが金銭的ないし経済的価値を有するや否やは問うところではない。それゆえ、原判決の引用する証拠によ

つて認められる原判示の所論中央指令綴一冊他書類印鑑等数十点は、もとより強、窃盗罪の客体たる財物に当るものと言わねばならない。そしてまた、被告人等の本件行為の目的が所論のように反共運動に資する為の思想的資料の収奪にあつたとしても、法律上正当に発せられた令状によらないで他人の看守する建物に侵入して暴行脅迫によつて財物を奪取したる以上、強盗罪の成立することは多言を要しない。」（最判昭二五・八・二九 刑集四・九・一五八五）。

これは、上告論旨が、刑法財産罪にいわゆる財物たるには、経済的価値あるもの即ち人間生活に於ける普通一般的な需要を充す性質のものでなければならない、或一定の個人にのみ珍重せられ一般的客観的には何等経済的効用を有しない物は財物に当らない、また本件奪取の目的は思想的資料の収奪にあつて、財産的利益には存しなかつた、と争つたのに答えたものである。判旨は旧大審院以来の確定の見解に従つたものであるが、特殊な人の特別の目的に役立つに過ぎない物であつても、所有権の目的となる物は総て「財物」であると強調している点が重要である。

（三）　以下に、如何なる意義を有する文書が詐欺罪の客体としての「財物」に含まれるかを示した判例を挙げて見る。この場合にも、欺罔という違法手段が、目的物の財物性を決定するのに重要な役割をしていることに注意せねばならない。

署名捺印のある白紙は財物

【36】「刑法上財物トイフノハ必スシモ経済上交換価値ヲ有スルモノニ限ラス苟クモ財産権ノ目的ト為リ得ヘキモノヲ凡称スルモノトスル。故ニ所論小林千代丸ノ署名アル被告及ヒK宛ノ文書作成ノ用ニ供スヘキ白紙ハ交換価値ヲ有セスト雖モ、之ヲ利用シテ一定ノ証明文書ヲ作成シ得ヘキモノナレハ、財産権ノ目的タルヤ論ナシ。然ラハ原判決ニ於テ右用紙ヲ以テ財物トナシ、之ヲ騙取シタル被告ノ行為ニツキ詐欺罪ヲ以テ擬律シタルハ相当ナリ」（大判明四三・六・二〇 刑録一六・一二三八）。

これは、被害者を欺罔してその署名だけが記載せられた白紙二葉を騙取し、その中の一葉を利用して被害者名義の借用証書を偽造したという事実に関するものである。このような状況の下に騙取せられた白紙は、単なる一葉の白紙でないことは何人にも明白である。それは被害者の側から見ても重大なる債務負担に証拠を提供する意義を持つものであり、この故に被告が手段を講じて騙取する価値を認めているものである。このような利害関係を具有する場合には一葉の白紙も重大な財産的意味を持つ「財物」であるといわねばならない。

債権者入手前の債務証書も財物

【37】「債務証書ノ形式ヲ具備スル文書ニシテ債務名儀者ノ手ヲ離レタル以上ハ、仮令債権者ニ交付セラレサル前ト雖モ、形式上債権証明ノ具ト為リ得ヘキハ勿論、又所有権ノ目的タルコトヲ得ルモノトス」（大判明四三・一〇・一七刑録一六・一六一六）。

これは、債務証書の如きものは、債権者が所持して初めて意義効力を発生するものであり、その入手前に於ては無価値の紙片に過ぎないと主張する上告論旨に答えたものである。判示のように、債務者の手を離れた以上は何人の手中にあつても一定の債務証明の用具たる意義を持つ文書であり、経済的意義を有するといわねばならない。

売主が代金支払を受けるまで占有する売渡登記済証は財物

【38】「不動産ノ売主カ買主ヨリ代金ノ全部又ハ一部ノ支払ヲ受ケサル場合ニ於テ、当事者合意ノ上其ノ支払ニ先チ売買ニ因ル所有権移転ノ登記ヲ経ルモ其ノ売渡登記済書ノ所有権ハ代金支払ノ完了ニ到ルマテ之ヲ売主ニ保有スル旨ノ契約ヲナシタルトキハ該契約ハ有効ニシテ、斯ル場合ニ於テハ、売渡登記済証ハ売主ノ所有ニ属シ、売主ハ代金ノ完済アルマテハ之ヲ所有且占有シテ買主ニ引渡サレレヲ得ヘク、[illegible]

ハ売主ノ代金請求権ヲ確保スル利益アルノミナラス売主ニ於テ売買登記済証ヲ占有スルコト夫自体代金支払ノ完了セサル一証左ト為リ得ルコト勿論ナルヲ以テ、売主ハ売買登記済証ヲ所有若クハ占有スルニ付キ法律上ノ利益ヲ有スルモノトス。買主タル被告人カ虚偽ノ事実ヲ主張シ裁判所ヲ欺罔シ右証書ヲ騙取セントシテ遂ケサリシモノナルトキハ、……被告人ノ行為ハ詐欺未遂罪ヲ構成スルモノトス」（大判大一四・一〇・八刑集四・五八二）。

これは、このような場合の登記済証が売主の占有内にある場合に持つ経済的意義について詳細の観察を示したものであるが、若し代金完済を受けた後に尚売主がそれを占有していた場合には最早売主にとつては財物たる性質を失うことになるのであろうか。

競馬勝馬予想表はレース終了までは財物

【39】「競馬勝馬予想表はレース終了までは経済的価値を有するから財物である。」（最判昭二七・四・一五ジュリスト一二・四〇）。

これも、財物の概念要素として経済的価値又は交換価値が必要でないとすれば、「レース終了まで」と限定する必要はない筈であるが、レース終了後は無価値の紙片となるわけであるから刑法的保護の必要性が消滅するので刑法上の財物の観念に入らないことになるという意味の暗示であろうか。

他人の物の売渡証書も財物

【40】「右売渡証書ハ謂ユル他人ノ物ノ売買ニ関スル文書ニシテ権利義務ヲ証明スルニ足ルヘキ体裁ヲ備フルモノナレハ、刑法第二四六条第一項ニ所謂財物ニ外ナラサルヲ以テ、被告人等ノ行為ハ詐欺罪ヲ構成スルコト勿論ナリトス」（大判昭三・四・一六刑集七・二六六）。

これは、上告論旨が、他人の物を売渡す旨記載した文書は所有権者に何等の損害を生ずる効力を有せず、犯人に何等の権利を移転する効力をも有しないものであるから全く無価値のものであり、従つて刑法上の財物と認めるのは不当であると争つたのに答えたものである。判旨は、文書に記載せられた権利義務関係について効力を生じないとしても、その文書自体が権利義務関係に関する一定の事実を証明する意義を有するから単なる紙片ではなくて財物であるというのである。

貴族院議員の選挙を委任する旨を記載した委任状は財物

【41】「刑法ニ謂ユル財物トハ、所有権ノ目的ト為スヲ得ヘキ有体物ヲ指称スルコト当院判例ノ夙ニ認ムル所ナリ。文書ハソノ公権ニ関スルモノナルト私権ニ関スルモノナルトニ論ナク、又ソノ権利義務ニ関スルモノナルト事実証明ニ関スルモノナルトヲ問ハス所有権ノ目的トナリ得ヘキ有体物ナレハ、刑法上ノ財物ニ包含セラルルモノトス。原判決ノ認定シタル事実ニ依レハ、被告等ハ明治四四年六月宮崎県内ニ於テ行ハルヘキ貴族院多額納税者議員選挙ニ際シ、詐欺ノ手段ヲ以テ互選資格者ヨリ貴族院議員ニ選挙スルコトヲ委任スル旨ヲ記載シ、被選挙人及ヒ被委任者ノ氏名ヲ後日記入シ得ヘキ空所ヲ存スル委任状ヲ甲及ヒ乙ヨリ騙取セントシテ遂ケサリシモノニシテ、貴族院多額納税者議員互選規則ニヨレハ互選人ハ、他人ニ委任シテ該議員ノ選挙ヲ為スコトヲ得サルモノナレハ、該委任状ハ法律上代理権限ヲ発生シ能ハサルモノナリト雖、尚事実証明ノ用ニ供シ得ラルヘキ文書ニシテ、法律上ソノ所有ヲ禁止セラレタルモノニ非サルヲ以テ所有権ノ目的タルニ妨ケナケレハ、刑法上ノ財物ニ外ナラス。又叙上ノ理由ナルニ依リ、本件委任状カ公権行使ノ委任ヲ目的トスルノ故ヲ以テコレヲ財物ニ非ストイフヲ得ス。既ニ委任状ニシテ財物タル以上ハ、被告等カ之ヲ騙取セントシテ遂ケサリシ所為ハ刑法第二四六条第一項、第二五〇条ニ該当スル詐欺未遂罪ヲ構成スル」（大判明四五・四・一刑録一八・四〇五）。

これも上告論旨が、このような委任状は何等の効力を発生するものでないから無価値のものであり、又公権行使の委任を目的とするものであるから財産権に関する意義を持つものではない、従つてこれを財物と見なし得ない、と争つたのに答えたものである。判決が、無効の委任状であつても一定の事実を証明する意義を有するというのは、如何なる事実を証明する意義を指すのか明かでないが、このような委任状が作成交付された場合には、少くともその作成者の立場を事実上拘束する意義を持つことは明であり、従つて事実上選挙の結果に影響を与えることも可能であるから、単なる紙片でないことは明白である。然しながら、このような文書が「所有権の目的となり得る」というだけの理由で、財産権の保護を目的とする財産罪の客体としての財物に属すると為すことについてはやはり疑問が残る。

三　各種証券類の財物性

（一）　普通の証書類は単に一定の事実又は権利関係を証明する意義を有するに過ぎないのに対して、証券類は、いわゆる有価証券は勿論、その他のものであつても、一定の権利又は資格をそれ自体に於て表彰する意義を有するので、法律上・社会上有体動産と同一に取扱われる場合が多い。それで刑法に於ても一般の文書よりも強い意味で財物たる性質が認められるわけであるが、その証券が偽造されたものであつたり、その他何等かの事情で証券としての本来の効力を有しない場合には、単なる一片の無価値の紙片に過ぎないのでないかという疑問が生ずる。それでこれに答えた多くの判例があるが、以下にその中の重要と思われる若干のものを挙げる。

（二）　先ず盗罪の客体として財物たる意義を認められたものから見よう。

三等補充往復乗車券用紙は財物

【42】「文書カ財物タルハ専ラ其内容ノ如何ニ依リテ定マルコト勿論ニシテ、文書自体ノ交換価値皆無ナル場合ニ於テモ、其内容上価値ヲ有スルコト少シトセス。判示三等補充往復乗車券用紙ハ之ヲ三等補充乗車券ト為スニ付便宜ナル内容ヲ有スル点ニ於テ相当価値ヲ有スル財物ナルコトヲ否定シ難キヲ以テ、之ヲ窃取シタル

行為ハ裕ニ窃盗ノ罪ヲ構成スルモノトス」（大判大三・六・九刑録二〇・一一五二）。

これは、上告論旨が、補充乗車券用紙はそれ自体としては一片の紙片に過ぎず殆ど無価値のものであり、これに一定の事項を記入して初めて有価証券となるものである、と争つたのに答えたものである。判旨は、用紙自体が無価値であつても、これを窃取した者が容易に乗車券に変更し得る便宜があり、従つて被害者側には有効の乗車券として使用せられる危険があり、犯人にはその便宜と利益を与えるものであるが故に、これを窃取する行為に出でたのである。このような関係事情を背景として見るときは、一片の紙片に過ぎないその用紙も相当価値を有する財物であることを認められるというのである。

衆議院議員投票用紙は財物

【43】「被告ハ衆議院議員選挙ノ状況ヲ見ルル為メ居村村役場ニ到リタル際、同役場事務室ノ机ノ下ニ衆議院議員投票用紙一枚ノ落チ散リ居ルヲ発見シ之ヲ窃取シタルモノナレハ、該用紙ハ村役場係員ノ支配内ニアリテ衆議院議員ノ選挙権執行ニツキ重要ナル関係ヲ有スルモノナルカ故ニ、ソノ経済上ノ価値ヲ有スルト否トヲ問ハス窃盗罪ノ目的物タル財物タルコトヲ妨ケス。故ニ被告カ該用紙ヲ擅ニ自己ノ占有ニ移シタル以上ハ、窃盗罪ヲ構成スルヤ論ヲ俟タス」（大判大二・一・二〇刑録一九・九）。

一枚の小紙片としての投票用紙は、それ自体としては殆んど無価値のものである。上告論旨はこの点を強調したのであるが、選挙の施行せられる環境に於ては、それは単なる紙片ではなく有効の投票として当落に影響を与える可能性を有する重大な効用を有するものである。判旨はこの点を考慮して「財物」に含まれることを認めたのであるが、これも直接的には「財産的利益」と関係がないのでやはり問題性が含まれているといわねばならない。

消印済収入印紙は財物

【44】「窃盗罪ノ目的タル物ハ必スシモ経済的交換価値ヲ有スル物ニ限ラス財産権ノ目的タル物ナルヲ以テ足ル。消印済ノ収入印紙ハ交換価値ヲ有セストスルモ、独立シテ若クハ証書ニ貼用セラレ証書ノ一部ヲ為シテ財産権ノ目的タルコトヲ得ルモノトス」（大判明四四・八・一五刑録一七・一四八八）。

同趣旨

【45】「消印済収入印紙ト雖モ原判示ノ如ク既ニ裁判所ニ於テ保管ノ利益ヲ有スル書類ニ貼付セラレソノ一部ヲ為ストキハ財産権ノ目的トナルヲ以テ、之ヲ不法ニ剥離窃取スレハ刑法第二三五条ノ財物ヲ窃取シタルモノニ該当シ窃盗罪ヲ構成スルモノニシテ、コレヲ所論ノ如ク反古ヲ窃取シタルモノト同一視スヘキモノニ非ス。又裁判所ノ保管ニ係ル収入印紙ヲ不法ニ剥離領得シタル以後ニ於テ、之ヲ他ノ書類ニ流用スルト否トハ窃盗罪ノ成立ニ影響ナキモノトス」（大判昭四・七・四刑集八・三八五）。

消印済の収入印紙は珍貴愛玩用とされる場合の外は殆んど価値のないのが普通である。それで判例は或は証書に貼付せられ或は裁判所保管の文書に貼付されている場合にはその文書と共に一体を為して財物たる意義を有することを指摘しているのであるが、このような印紙が剥離窃取せられるのは、再び正当印紙（有価物）として他の文書に流用し得る便宜があることが主なる動機である。このような事情に於てはそれは単なる紙片ではなく有価の財物であるといわねばならない。判例は繰返し無価値のものであつても所有権の目的たることを得るものは凡て財物に含まれることを強調しているが、所有権の目的として意義ある物はやはり何等かの関係に於て効用を有するものであることが必要である。それで判例は常にその何等かの関係に於て価値又は効用を有するものであることを指摘するのに努力していることがうかがわれる。

(三)　詐欺罪の客体としても種々の証券類の財物性は屢々問題とせられるので、左のような判例が示されている。

先日附小切手は財物

【46】「本件小切手ハ、ソノ振出日附ヲ明治四〇年一二月二六日トナシタルモノニシテ、被告カ之ヲ騙取シタル当時即チ同月二五日ニ於テハ未タ小切手タルノ効力ナキモ、同月二六日ニ到レハソノ効力ヲ発生スヘキ文書ニシテ詐欺取財罪ノ目的タルヘキ一ノ財物タルカ故ニ、原院カ之ヲ騙取シタル被告ノ所為ヲ詐欺取財罪ヲ構成スルモノトシ処罰シタルハ不法ニ非ス」（大判明四二・五・一四刑録一五・六〇七）。

約束手形は財物

【47】「約束手形ハ一種ノ有価証券ニシテ固ヨリ詐欺ノ目的物タリ得ヘキ財物ナレハ之ヲ騙取スルニ因リ直ニ詐欺罪ヲ構成スヘク、被告人カ右騙取ノ手形ニ付キ手形金ノ支払ヲ受ケタルヤ否ノ事実ノ如キハ何等犯罪ノ構成ニ影響ナシ」（大判昭七・一・二六法学一・五・一二四）。

小切手は先日附のものであつても、その日附が来れば有価証券として現金同様価値を有するものであるからこれを財物と見るのに困難はない。又他の事案に於て、上告論旨が、小切手は単に第三者に対して手形金額の支払を委託したものに過ぎず振出人は支払の約束をしたものではない。その支払の委託を受けた者がこれを承諾した時に初めてその効果を発生するものであるから、小切手を受取つたときには受取人はただ振出人に対し第三者が支払わない場合に償還請求権を持つに過ぎない、故に手形を騙取しても「財産上不法の利益」を得たことになるかも知れないが財物騙取と謂うを得ないと攻撃したのに対して、やはりこれを斥けて小切手はそれ自体財物に外ならないと判示している（大判明四二・四刑録一七・四六二）。同様に約束手形の手形金の支払を未だ受けていない場合に於ては、経済的には「財産上の利益」即ち無形の支払期待権を有するに過ぎないのであるが、判例はこのような有価証券はそれ自体財物であると見なしているのである。

偽造の約束手形も財物

【48】「被告カ騙取シタルコトヲ認メタル各約束手形ハ、ソノ振出人名義ヲ偽リ手形ヲ偽造シタルモノニアリテハソノ裏書ハ真正ニシテ、又裏書人名義ヲ偽リ虚偽ノ記入ヲ為シタルモノニアッテハソノ振出シタル手形ハ真正ナルヲ以テ、ソノ真正ナル部分ノ存スル以上ハ之ニ関スル手形法条ノ権利義務アリテソノ証券ハ有効ニ財産権ノ目的トナルヘキハ勿論ナルカ故ニ、刑法上ニ於テモ又欺罔騙取ノ目的トナルヘキハ当然ナリ」（大判大三・一〇・一九刑録二〇・一八七四）。

振出、裏書人名義共に偽造であつた場合には【56】の判例に示されたように所有権の目的となり得ないものであり、従つて財物ではないというのであろうか。然しこのような偽造手形も、事実証明の文書として、特に訴訟に於ける証拠資料として所持せられる場合にはやはり有価物として「財物」と認めるのが相当であろう。

第三者を宛名人とした金員借用証書は財物

【49】「第三者ヲ宛名人トシタル金員借用証書ハ、第三者ノ名ニ於テ之ヲ借用スルニ依リ証書トシテノ効力ヲ顕ハスヘキハ論ナシト雖モ、此種ノ借用証書モ亦一定ノ条件ノ下ニ証書トシテノ効用ヲ現スヘキ性質ヲ具備スルヲ以テ、即チ一種ノ財物ニ外ナラス。故ニ欺罔手段ニ依リテ之ヲ騙取スル行為ハ刑法第二四六条第一項ノ詐欺罪ヲ構成スルモノトス」（大判大五・四・二四刑録二二・六五九）。

事実は、被告ABがXを欺罔してBの内縁の妻Cに宛てた金額九五円の借用証書を騙取したというのであつて、上告論旨が、このような場合は無罪でないとしても第三者Cに「財産上不法の利益」を得せしめたものと見るべきである、と主張したのに答えたものである。このような第三者宛の証書は、論旨主張のように、文言的には第三者に利益を与えるものであるが、判旨は証書は有形財物であると看做す伝統的な立場から財物騙取罪を認めたのである。

為替証書は財物

【50】「為替証書ハ有価証券タル性質ヲ有スルヲ以テ、之ヲ騙取セルハ即チ財物ヲ騙取シタルモノニ外ナラス」（大判大一二・四・五刑集二・三〇七）。

事実は、被告が某郵便局に虚無人名義の電報を発して同局員を欺き為替証書を発行せしめ被告方に配達せしめて之を騙取したというのである。上告論旨が、被告は為替証書を受領しただけで未だ金銭を受領していないから詐欺は既遂でなく未遂であると争つたのに答えたものである。

保険証券は財物

【51】「保険証券ハ保険契約ノ成立及其ノ内容ヲ明ニスヘキ証拠証券ニシテ固ヨリ財産権ノ目的タルヲ得ルモノナルカ故ニ詐欺罪ノ目的物タリ得ヘキモノトス。而シテ、保険証券騙取ノ行為カ爾後裁判外又ハ裁判上ニ於テ保険金ヲ請求シ之ヲ騙取セントシテソノ目的ヲ遂ケサリシ行為ト共ニ金円騙取ノ包括的意思ノ発動ニ出タルトキハソノ全体ヲ包括的ニ観察シ一罪トシテコレヲ処断スヘキモノトス。故ニコノ場合ニハ包括的詐欺行為ニ付既遂ノ擬律ヲ為スヲ以テ相当トスヘク、従ツテ詐欺未遂ノ法条ヲ適用スヘキモノニ非ス」（大判大一二・一二・二五刑集二・一〇二四）。

同趣旨

【52】「保険証券が、一ツノ財物トシテ詐欺罪ノ目的タリ得ヘキコトハ本院判例ノ肯定スル所ニカヽリ、……証券ノ騙取カ爾後裁判上裁判外ニ於テ結局保険金ヲ請求シ之ヲ騙取セントスル意思発動ニ出タルトキハ、ノ・

全体ヲ包括的ニ観察シ一罪トシテ之ヲ処断スヘキモノナルコト当然」なり（大判昭一四・三・一五新聞四四一七・一七、刑事判例評釈集二・三〇）。

証券はそれ自体が財物であると見なす大審院の立場からは、保険証券も亦一種の財物であることについては論議の余地はないわけであるが、保険証券の騙取に依つて財物騙取罪が既遂となつた後に、犯人がその保険金を詐欺した場合には之を別個独立の詐欺行為と見るべきか、特に保険金詐取行為が失敗に帰して未遂となつた場合にこれを如何に取扱うかについて疑問が生ずるのであるが、判例は前後の行為を包括して一罪と見做し、詐欺既遂を以て論ずべきものとしているのである。然し有力な学説は、保険証券の詐取は財物騙取ではなく財産上不法の利益を取得したものと見るのが相当であると解している（泉二・各論六七四、草野・刑事判例研究一・一九八、以下、牧野・下巻三三二、小野・講義五八〇）。判例と同様保険証券の財物であることを認めるのは大場博士（各論上七九九）平井博士（要論五五四）等である。

四　統制法関係証明書等の財物性

戦時中及び戦後に於て主要食糧その他の生活資料等について謂わゆる統制法令が施行せられていたので配給割当証、主食購入通帳のような特殊な文書が経済生活上極めて重要な意義を持つことになつた。これらの一定の権利又は資格を証明する文書は、それ自体としては有価証券のような経済的価値を有するものではないので、その財物性について疑問が生じたので、これに答えた多数の判例がある。以下に代表的なものを挙げる。

家庭用主食購入通帳は財物

【53】「所論『家庭用主食購入通帳』は、一個人の所有権の客体となるべき有体物であるから刑法に謂ゆる財物にあたるものといわなければならない。従つて該通帳が本件被告人の配給物資を騙取せんが為の手段であ

り道具であるに過ぎなかつたとしても詐欺罪の成立を妨げる理由はない。されば原審が被告人の所為に対し、食糧緊急措置令一〇条又は刑法一五七条二項を適用しないで刑法二四六条一項又は同法一五五条一項などを適用したのは正当であつて原判決には所論のような法令の適用を誤つた違法はない。」(最判昭二四・一一・一七刑集三・一一・一八〇八)。

本件の事実は、被告人が主食の不正配給を受ける目的で市役所の係員を欺罔して虚無人名義の家庭用主食購入通帳を交付せしめたというのであつて、上告論旨が、通帳を騙取したのは配給物資を騙取する手段であり、通帳自体に財物としての意義は存しない、従つて財産上不法の利益を得たというのであれば格別、財物騙取と認定したのは不当である、と争つたのに答えたものである。そしてこのように騙取した米穀通帳に依つて係員を欺罔して米の配給を受けたときは、その行為について更に別個の詐欺罪が成立することを認める判例が繰返し示されている(最判昭二三・四・七、大法廷、刑集二・四・二九八、最決昭二八・六・三〇刑集七・六・一三九七)。「騙取した米穀通帳を配給所へ提出して係長を欺罔して米穀を騙取することは、更に他の新法益を侵害する行為であるから、それは騙取した通帳の単なる事後処分ではなくて、新たなる詐欺罪を構成する」(最判昭二三・四・七、大法廷、刑集二・四・二九八)というのである。同様に他人名義の移動証明書を利用して係員を欺罔して主食の配給を受けた場合(最判昭二三・一一・四刑集二・一二・一四四六)、偽造飯米購入票を利用して配給所係員を欺罔して米の配給を受けた場合(最判昭二三・七・一五刑集二・八・九〇二)、架空人名義の食糧配給通帳を配給所に提出して主食の配給を受けた場合(最判昭二五・二・二四刑集四・二・二五一)、何れも詐欺罪の成立を認めている。即ち新に財物の騙取である。

三　食者外食券は財物

【54】「三食者外食券は、勿論外食の際代金は支払わねばならないが、それがあれば引換えに主食類を入手することができるもので、財産罪の目的になるから、刑法第二四六条第一項の財物である。それ故これを騙取

した所為に対し同条第二項ではなく第一項を適用した原判決は正当である。」（最判昭二四・五・七刑集三・六・七〇六）。

これは、上告論旨が、三食者外食券は単に外食することができる資格のあることを証明する証書であるだけで、別に食糧代金を支払わなければ食糧を取得することができないのであるから財物と見るべきものではない。ただそれがなければ食糧を得ることができないのであるから、それを騙取した行為は財産上不法の利益を得たということになろう、と争つたのに答えたのである。しかし、それによつてのみ主食を入手できる資格を証明できる食券は、それ自体財物としての意義を持つと考えるのは、統制法の行われている社会では一般の通念であるということができよう。

ガラス特配約束証は財物

【55】「詐欺罪の目的物たる財物とは、財産権殊に所有権の目的となることを得べきものをいい、必ずしも金銭的価値を有すると否とを問はないものである。そして原判決の認定した判示第一の詐欺の目的物は、兵庫県経済部商工課長名儀の神戸戦災者同盟本部宛昭和二二年一月一四日付硝子特配申請の件については四箱の配給を約束する旨の書面であるから、かかる配給を受くべき財産上の利益を期待し得べき書面であり、従つて経済的価値なしといえないばかりでなく、少くとも所有権の目的となることを得べき物であること明らかであるといわなければならない。従つてその約束書それ自体が所論のように硝子の受配の権利を附与するものでないとしても財物でないといい得ない。」（最判昭二五・六・一刑集四・六・九〇九）。

これは、戦時中大審院判例が類似の事案についてとつていた見解を踏襲したものである。例えば、輸出向綿糸購入票（大判昭一四・七・三刑集一八・三六九）、揮発油購買券（大判昭一六・三・二七刑集二〇・七〇）、砂糖購入券（大判昭一七・二・一九刑集二一・三六）等について、何れも財物であると判示されている。

五　財物性を否定せられた文書

以上に挙げた文書は何れもそれ自体財物であることを肯定せられたものであるが、以下に挙げる文書は裁判所に依つて財物性を否定せられたものである。

偽造証書は財物でない

【56】「偽造証書ハ無価値ノモノナルノミナラズ所有権ノ目的トナラサルヲ以テ之ヲ騙取スルモ詐欺罪ヲ構成セサルコトハ本院判例ノ夙ニ認ムル所ナリ（明治四二(れ)第九三五号公私文書偽造行使詐欺取財等上告事件判決参看）。而シテ原判決ニ依レハ所論借用証書、特約依頼書、利子承認書等ハ何レモ被告カ偽造シテSニ差入レ置キタルモノニシテ、詐欺ノ目的ト為リ得ヘキモノナラサルニ、原院カ之ヲ詐欺ノ目的物中ニ加ヘ右偽造文書ニ対シテモ被告ニ詐欺ノ罪責アルモノノ如ク擬律ヲ為シタルハ失当タルヲ免レス」（大判大元・一二・二〇刑録一八・一五六三）。

これは、偽造証書は財産上無価値のものであり、所有権の目的となり得ないものであるから財物の概念に含まれないというのである。然しながら、事実は被告が自ら偽造した判示文書類を被害者S某に交付して置いたのを欺罔手段を以つて他の現金と共に騙取したというのであるから、偽造文書であつても被害者Sがこれを所有権の目的となし得ないというのは不当である。偽造証書であつてもこれを詐欺被害告訴の資料として、民事訴訟に於ける不法行為の立証資料として用いられる場合等に於ては、経済的にも重要な価値物であり、又それの使用は適法であるから、当然法的保護を受ける資格のある財物であるといわねばならない。尚【75】乃至【77】も同旨。

公職を辞する旨を約せしめた契約書は財物でない

【57】「原判決中被告甲、乙、丙、丁等ニ対スル判示事実ニ於ケルSヨリ被告人等ニ交付シタルモノト判示セル押収第一号ニハ、水平社同人ヘ謝罪ト称シSカ寺前尋常高等小学校ヨリ退職即チ其ノ辞職ヲ為ス旨ヲ約シタル文言ノ記載アル旨判示シアリテ、之ニ依レハ被告等ハ判示公立小学校ノ教員タル公職ニアルSヲシテソノ

公職ヲ辞スルノ手続ヲ為スヘキコトヲ約セシメタルモノナルコト明白ナレハ、ソノ契約ハ公ノ秩序ニ反スル事項ヲ目的トスルモノニ該当シ、当然無効ナルコト一点ノ疑ヲ容レス、況ンヤ判示事実ニ依レハ、同書面ハ被告等カ右Sニ対シ不法ノ強制ヲ加ヘSノ自由意思ヲ抑制シソノ意ニ反シテ筆記セシメタルモノナルコトヲ推知シ得ヘキニ於テオヤ。コノ点ヨリ観察スルモ亦ソノ無効ナルコト瞭然タリ。斯ル無効ノ約旨ヲ記載セル文書ハ法律上ソノ存在ヲ認ムヘキニ非サレハ、財産権ノ目的物ト為スコトヲ得サルヤ論ヲ俟タス。然リ而シテ、盗罪ノ目的物ハ財産権ノ目的ト為スコトヲ得ヘキ物ナルコトヲ要スルカ故ニ、如上ノ物体ハ到底盗罪ノ目的物タルニ適セサルモノト謂フヘク、従ッテ従令暴行又ハ脅迫ヲ以テ之ヲ強取スルモ強盗罪ヲ構成スルコトナシ。然ルニ現判決カ右被告等ニ於テSニ対シ暴行脅迫ヲ加ヘ同人ヨリ叙上文言ノ記載アル押収第一号ノ文書ヲ交付セシメタル行為ヲ以テ強盗罪成立スルモノト為シ刑法第二三六条ヲ適用シタルハ擬律錯誤ノ不法アリ」（大判大一三・一二・一九評論一三刑法四二〇、新聞二三五三・一八）。

これは、文書の内容が公の秩序に反する事項を目的とするものであり、そしてその作成者の自由意思を抑圧して作成せしめたものである場合には、それは「法律上その存在を認むべき文書ではない」から財産権の目的物となし得ないものである、というのであるが、他の多くの判例に於ては、暴行脅迫に依つて作成された文書であつても、又その文言の内容が法律上無効のものであつても、犯人がこれを取得した手段の危険性と、その文書が環境事情を背景として間接的に経済的又は社会的意義を有することを認め得る場合には、その文書は財物であることを認めているのに（例、貴族院議員互選委任状、衆議院議員投票用紙等）比照して論理一貫を欠くものがあるように思われる。「法律上その存在を認め得ない」ものであるという意味は明瞭でないが、このような文書が若し被害者Sの手に保留せられ告訴告発の資料として、即ち一定の事実証明の用具として用いられたような場合には、法律上その存在を認めないわけにゆかないであろう。

印鑑証明書は財物でない

【58】「詐欺罪ハ財産権ヲ侵害スヘキ行為ヲ要素トスルモノナルカ故ニ、仮令人ヲ欺罔シテ一定ノ意思表示ヲ為サシムルモ、ソノ行為ニシテ上叙ノ性質ヲ有セサル場合ニ在リテハ同罪ヲ構成スルヲ得サルコト勿論ナリ。……而シテ原判決ハ、被告人ニ於テソノ実父名義ノ印鑑証明願等ヲ偽造シテ村役場ニ提出行使シ、印鑑証明ノ文句ヲ右印鑑証明願書ニ附記セシメタルニ非スシテ役場所有ノ用紙ニ記載セシメタルモノナリトスルモ、斯ル場合ニ於ル問題ハ其ノ用紙ニ係ルモノニ非スシテ、証明ソノモノノ真否ニ関スルモノナルカ故ニ、証明文詞ヲ証明願書ニ附記シタルト役場備付ノ用紙ニ記載シタルトニ因リ性質ヲ異ニスルモノト認ムヘキニアラス。従ツテ右判示ノ事実ハ詐欺罪ヲ構成セサルモノト解スルヲ正当ナリトス。然ルニ、原判決カ右事実ニ付詐欺罪ノ成立ヲ認メ、被告ニ罪責ヲ帰シタルハ擬律錯誤ノ違法アルモノニシテ、此ノ点ニ於テ原判決ハ破毀ヲ免レサルモノトス」（大判大一二・七・一四刑集二・六五四）。

この判決は自ら次の同旨大審院判例に従つたものであることを述べている。

建造物所有証明書は財物でない

【59】「他人ノ名義ヲ冒シ署名ヲ偽造シ其印章ヲ不正ニ使用シテ建物所有者証明願書ヲ偽造シ、之ヲ村役場ニ提出シ村長名義ノ証明文詞ヲ之ニ附記セシメ、真ニ其者ニ於テ下附ヲ受ケタルカ如ク装ヒ書面ヲ受ケタルモ、村又ハ村長ニ於テ財産上ノ損害ヲ生スルコトナク、又犯人ニ於テ財産上ノ利益ヲ得ルコトナキヲ以テ、財物ノ騙取ト云フヘカラサルハ勿論ニシテ又財産上不法ノ利益ヲ得タルモノト云フヘカラス。従テ此場合ニ詐欺罪ヲ構成スルコトナシ。原判決ヲ査スルニ、原審ハ前記建物所有証明願書ヲ偽造シ且ツ行使シ前記ノ如ク証明文詞ヲ附記セシメテ其下附ヲ受ケタル行為ヲ認メテ、下附ヲ受ケタル点ヲ刑法第二四六条第一項ニ問擬シタルモノニシテ原判決ハ違法タルヲ免カレス」（大判大三・六・一一刑録二〇・一一七一）。

印鑑証明書又は建物所有証明書等は、それ自体としては直接的に財産権の得失に関係する文旨を有するものでないとしても、公に一定の事実を証明する意義を有するものであり、われわれの経済取引に極めて重要な意義を有するものである。そうして、この故に相当の労費手数を投じてその交付を受けているので、これを受けた者にとつてはそれは所有権の目的となるは勿論その紙片に相当の経済的価値をも認めているのが普通である。又これを発行する村長等の側に於ても、印鑑等の真正を証明するについては、一般経済社会の利益を代表して不正手段によつては之を交付しないことについて利益を有するものと見るのが相当でなかろうか。最近の東京高等裁判所の判決は、印鑑証明用紙は財物であることを認めている。【65】の判例参照。

米穀輸送証明書は財物ではない

【60】「食糧事務所長の交付する輸送証明書の内容は、本件米穀の輸送が正当なものであること、すなわち、名儀人たるOが家族と共に正当に転出転居するものであり、輸送に係る本件米穀が農家保有米として正当に保有されるもので、右の転居に伴ない輸送されるものであることを確認する旨の観念表示の文書であつて、直接にも間接にも財産上の利益の処分に関係ある事項は全くこれを包含するところがない。かかる文書の不法領得によつて侵害されまたは侵害されるおそれのある利益は、証明書なる紙片そのものにあるのではなく、専らその証明事項の真偽に係り、主要食糧の適正な流通の確保による国家行政上の利益であるから、かかる利益は刑法にいう財産上の利益には該当しない。本件輸送証明書を欺罔手段によつて取得しても詐欺罪を構成することはないと解すべきである。」（福岡高判昭三〇・五・一九刑集八・四・五六八）。

米穀輸送証明書の詐取に依つて侵害され又は侵害されるおそれのある利益は、国家行政上の利益であり、このような利益は刑法にいう財産上の利益にあたらないからその文書は財物でない、というのである。然し国家行政特に経済統制に関する行政は、国民の経済的利益を代表して為されるのであるから、国民の財産的不利益に於てその文書の詐取犯人に財産的利益取得に便宜を与えるものと見るのが相等でなかろうか。

旅券は財物でない

【61】「原判決は『被告人は同係員を欺罔して旅券の下附を受けようとしたけれども、その後占領軍関係の調査による証明書二通の記載内容が虚偽であることを発見されたため竟に旅券騙取の目的を遂げなかつたものである』と認定し、刑法二四六条一項、二五〇条に該当する詐欺未遂である旨判示している。そして、刑法一五七条二項には、公務員に対し虚偽の申立を為し免状、鑑札、旅券に不実の記載を為さしめたる者とあるに過ぎないけれども免状、鑑札、旅券のような資格証明書は、当該名義人においてこれが下附を受けて所持しなければ効力のないものであるから、同条に規定する犯罪の構成要件は、公務員に対し虚偽の申立を為し免状等の不実の記載をさせるだけで充足すると同時にその性質上不実記載された免状等の下附を受ける事実をも当然に包含するものと解するを正当とする。しかも、同条一項の刑罰が一年以下の懲役又は三百円以下の罰金に過ぎない点をも参酌すると免状、鑑札、旅券の下附を受ける行為の如きものは刑法二四六条の詐欺罪に問擬すべきではなく、右刑法一五七条二項だけを適用すべきものと解するを相当とする。されば、原判決が右下附を受けようとした行為を目して詐欺未遂としたことは擬律錯誤の違法があるものといわなければならない。」(最判昭二七・一二・二五刑集六・一二・一三八七)。

これは旅券は文書偽造罪(一五七条二項)の客体となるに止まるものであつて、財物としての性質を認め得ないからこれを騙取しても詐欺罪とはならないというのである。大審院判決にも同趣旨のものが見られる(大判昭九・一二・一〇刑集一三・一七〇六)。

五　価値寡少物の財物性

（一）　文書又は証券類の外にも、その価値極めて軽微である為にそれが刑法上の財物の観念に含まれるか否かについて疑問とせられる場合がある。この問題について判例は次のような態度を採つている。

一塊の石（価格二銭位）も財物

【62】「一塊ノ石ト雖モ他人ノ所有ニ属スル以上ハソノ経済的価値ノ如何ヲ問ハス、刑法ニ所謂財物トシテ法ノ保護スル目的タルヲ失ハス。故ニ他人ノ所有ニ属スル石塊（価格二銭位）ヲ奪取シタル行為ハ当然窃盗罪ヲ以テ論スヘキモノトス」（大判大元・一一・二五刑録一八・一四二一）。

事実は被告が県道を修理するが為に一塊の石を窃取したというのであつて、上告論旨はこのような価値寡少物は刑法上の財物と見るべきものではない、と争つたのに答えたものである。

神殿の木像及び石塊も財物

【63】（上告理由）「零細ナル反法行為ハ犯人ニ危険性アリト認ムヘキ特殊ノ状況ノ下ニ決行セラレタルモノニアラサル限リ犯罪ヲ構成セサルコトハ御院判決ノ示セル所ナリ（判決例明治四三年一六二〇頁）。而シテ今本件被告ノ所為ヲ按スルニ、被告カ窃取シタリトセラレタル木像及ヒ石塊ハ経済上ニ於テモ無価値ニシテ取引能力ナク、唯信仰若クハ礼拝ノ関係ニ於テソノ存在ヲ認メラルルニ過キス。若シコノ観念ヲ欠クニ於テハ一ノ木片一ノ石塊ニ過キス。故ニ仮令之ヲ自巳ノ所持ニ移スト雖モ、未タ以テ危険性ノ認ムヘキナク、然カモ被告ハ自巳ノ所持ニ移シタル意思ハ……自巳ノ利益ノ為ニスル意思ヲ以テ為シタルニ非ス。全ク神仏混淆ハ神明ヲ汚スノ一ノ迷信的ニ出タルモノナルニ於テハ益々共同生活ノ観念ニ於テ刑罰制裁ヲ加フヘキ法益侵害ト認ムヘキモノニアラス。

然ラハ被告ノ原判決判示所為ニ対シテハ無罪ヲ言渡スヘキ筋合ナルニモ不拘刑法第二三五条ヲ適用シテ刑罰ヲ科シタル原判決ハ不法ノ裁判ナリト言ハサルヘカラス」

（判決理由）「物ノ経済的価値カ寡少ナリトスルモ、苟モ財産権ノ目的ト為リ得ルニ於テハ窃盗罪ノ目的タルニ妨ナク、従ッテ賍額ノ多寡ハ窃盗罪ノ成立ニ影響ナキコト勿論ナレハ、零細ノ物件ヲ窃取セル行為ト雖モ、コレヲ処罰スルニ於テ毫モ違法アルコトナシ。盗罪ノ如キハソノ賍額ノ零細ナルカ故ニソノ行為自体ヲ以テ犯人ノ危険性ヲ推測スルニ足ラスト論シソノ無罪ヲ主張スルハ蓋シ当ラス。原判示事実ハ、被告ハ住所地ノ祭神タル八幡神社ノ本社内ニ安置セル木像一体及石塊一箇ヲ窃取シタリト云フニアリテ、ソノ木像ハ神体ニアラストスルモ、神殿内ニ安置シ一般住民ノ崇敬礼拝ノ目的トナレル物ナルヤ疑ナク、ソノ石塊モ単ナル路上ノ一頑石ニアラスシテ神社内ニ安置セラレタル物ナリト認メ得ヘク孰レモ法律上財産権ノ目的タルニ適スルヲ以テ、斯ノ如キ物件ハ、経済的価値ノ有無多寡ニ関セス之ヲ窃取スルニ於テハ盗罪ヲ以テ論スヘキハ当然ナリ。本論旨ハ理由ナシ」（大判大四・六・二二刑録二一・八七九）。

右二つの判例に於ては、物の経済的価値が寡少なものであつても、窃盗等の不法手段に依つて侵害される場合には、之を財産権の目的となる「財物」として刑法的に保護する必要のあることを判示しているのである。又行為の目的動機が迷信的なものであつても、行為の危険性を否定する事情とはならないとしている点も重要である。宗教的又は迷信的動機から為される行為は屡々一層危険である場合があるからである。最近の判例も寡少価値物の財物性を強張している。

タブロイド版新聞紙二枚も財物

【64】「所論は、本件被害新聞紙は反古に過ぎぬものであつて全然経済的価値のないものであるから刑法第二三五条に謂ゆる財物に該当しないと主張する。しかし窃盗罪に於て奪取行為の客体となる財物とは、財産権殊に所有権の目的となるべき物を言い、それが金銭的乃至経済的価値を有 [illegible]

最高裁判所の判例の示すところであり、原判決引用の証拠によれば所論の新聞紙は原判示の如く、昭和三十一年一月六日附「松戸競輪」と題するタブロイド版新聞紙二枚であつて、その記事内容は本件犯行時以後の競輪に関するものも相当あつて、競輪に興味を持つていた被害者に採つては、当時尚充分な使用価値があつたものと認められるから、右新聞紙は優に所有権の目的たり得べき物であつたというべく、従つてこれを原判示の如き手段によりすり取つた被告人の所為を窃盗罪の既遂と認定した原審の判断は相当であり、これと見解を異にし原審の事実の誤認を主張する論旨は到底採用することはできない。」(東京高判昭三一・五・三一東京高時報七・六・刑二二九)。

「財物」である為には金銭的乃至経済的価値を有するものであることを必要としないというのは大審院以来の立場であるが、それにしても本判例が、本件小型新聞紙二枚が「犯行当時尚充分な使用価値」を有していたものであること、それが「すり」という行為に依つて侵害せられたものであることを指摘している点を注意せねばならない。

印鑑証明用紙は財物である

【65】「原判示第二の事実(印鑑証明用紙一枚をすり取つたという事実)はこれに関する原判決引用の証拠に依つて優にこれを認めることができる。この犯行に依る被害物件の内容は右証拠中の所有者の被害届に徴し、所論のとおりの物件と解されるのであるが、これは所論のような財物たるに価する経済的価値のないものではない。財物たるに必要な経済的価値は、所有者又は管理者の主観的価値を以て足るものであつて、交換的価値を必要とするものではない。右被害物件は、所有者が意に介しないような物ではなく、原判示被害者に採つて少くも主観的経済的価値のある保護に値するものと解されるから、窃盗罪の客体たる財物に当ることは明かである。」(東京高判昭二八・九・一八東京高時報四・四刑一一〇)。

大審院判例【58】に於ては印鑑証明書の財物性は否定せられ、村長からこれを欺罔騙取した行為は罪とならないとされていたのであるが、この判決に於てはその財物性が肯定されたわけである。尚この判決は、傍論的に、被告が金品をすり取る目的で電車内の乗客の胸ポケット内に手を差入れて「空の給料袋」を引出したという点については財物性を認めず窃盗未遂であると判示している。

(二)　しかし、行為の目的物の価値が極めて軽微なものであり、そうしてこれに関する反法行為も特に危険視すべき事情の存しない場合には、刑罰制裁を以て法的保護を加える価値も必要性も存しないわけである。そしてこのような軽微な反法行為を追求処罰することの不利益損害が却ってこれを罰することの利益よりも大であると考えられる場合もあり得る。この条理を真正面から認めた判例が「一厘事件」と呼ばれて屢々引用されている。尤も、これは財産罪に関するものではなくて煙草専売法に関するものであり、そして行為の客体である問題の葉煙草の財物性を否定したのではなくてそれに関する行為の危険性の軽微性に着眼して無罪を認めたものであるが、同時に寡少価値物の法的意義に関する大審院の見解を示したものと見ることができる。

価格一厘の葉煙草は財物でない(一厘事件)

【66】「抑モ刑罰法ハ共同生活ノ条件ヲ規定シタル法規ニシテ、国家ノ秩序ヲ維持スルヲ以テ唯一ノ目的トス。果シテ然ラハ、之ヲ解釈スルニ当リテモ亦主トシテ其ノ国ニ於テ発現セル共同生活上ノ観念ヲ照準トスヘク単ニ物理学上ノ観念ノミニヨルコトヲ得ス。而シテ零細ナル反法行為ハ、犯人ニ危険性アリト認ムヘキ特殊ノ情況ノ下ニ決行セラレタルモノニアラサル限リ、共同生活ノ観念ニ於テ刑罰ノ制裁ノ下ニ法律ノ保護ヲ要求スヘキ法益ノ侵害ト認メサル以上ハ、之ニ臨ムニ刑罰法ヲ以テシ刑罰ノ制裁ヲ加フルノ必要ナク、立法ノ趣旨モ亦此点ニ存スルモノト謂ハサルヲ得ス。故ニ共同生活ニ危害ヲ及ホササル零細ナル不法行為ヲ不問ニ付スルハ犯罪ノ検挙ニ関スル問題ニアラスシテ刑罰法ノ解釈ニ関スル問題ニ属シ、之ヲ問ハサルヲ以テ立法ノ精神ニ適シ解釈法ノ原理ニ合スルモノトス。従テコノ種ノ反法行為ハ、刑罰法条ニ規定スル物的条件ヲ具フルモ罪ヲ構成セサルモノト断定スヘク、其行為ノ零細ニシテ而モ危険性ヲ有セサルカ為メ犯罪ヲ構成スルヤ否ハ、法律

上ノ問題ニシテ其ノ分界ハ物理的ニ之ヲ設クルコトヲ得ス。健全ナル共同生活上ノ観念ヲ標準トシテ之ヲ決スルノ外ナシトス。而シテ原院ノ認メタル事実ニ依レハ、被告カ政府ニ対シテ怠納シタル葉煙草ハ僅々七分ニ過キサル零細ノモノニシテ、費用ト手数トヲ顧ミスシテ之ヲ請求スルハ却テ税法ノ精神ニ背戻シ、寧ロ之ヲ不問ニ付スルノ勝レルニ如カサルノミナラス、被告ノ所為ハ零細ナル葉煙草ノ納付ヲ怠リタルノ外特ニ之ヲ危険視スヘキ何等ノ情況存セサリシコトハ原判文上明白ナレハ、被告ノ所為ハ罪ヲ構成セサルモノナルニ原院カ之ニ対シテ刑ヲ言渡シタルハ失当」なり（大判明四三・一〇・一一刑録一六・一六二〇）。

（三）　均しく広義の財物の観念に含まれる物件であっても、刑法上その取扱いを異にするものがある。例えば、死体、遺骨、遺髪、棺内蔵置物等は、刑法第一九〇条、一九一条の客体として、遺失物、漂流物その他占有離脱物等は刑法第二五四条の客体として、森林法に謂ゆる森林の産物は森林窃盗の客体として取扱われ、又旧警察犯処罰令第二条第二九号の客体等も、一般の盗罪騙取罪の客体とせられる財物と区別した取扱いを受けるのであるが、この両者の区別の限界についても屢々疑問が生じたので下のような判例が示されている。

山地の土石は「森林の産物」ではない

【67】「森林法ニ於テ森林ノ産物ナル用語ノ意義ヲ明カニスヘキ特別規定ヲ設ケサルカ故ニ、同法中森林ノ産物ナル語句ヲ包含セル各規定、ソノ他土石ノ採取ニ関スル規定ヲ対照シ産物ナル字義ヲモ参酌シテ、同法ニ所謂森林ノ産物トハ、天然ニ生育シタルト殖樹ノ方法ニ依ルトヲ分タス竹木類ノ根幹枝葉ハ勿論下草落葉落枝樹実菌蕈等山林地ヨリ発生生育スル一切ノ物ヲ包含スルモ、之ヲ生スルノ基本タル山林地ヲ組成スル土砂岩石ノ如キハ謂ハユル産物ノ中ニ入ラサルモノト解スヘク、従テ山林ノ土石ト雖モソノ他ノ土地ニ於ケル土石ト均シク、苟クモ之ヲ土地ヨリ分離シタル以上ハ、ソノ分離ト同時ニ普通窃盗ノ目的物、即チ刑法第二三五条ニ所謂財物トナルニ至ルモノト断定セサルヘカラス。原判示事実ニ依レハ、被告ハ判示居宅附近ノ排水溝埋立ノ為

人ヲ使用シテ該宅地ニ隣接セル同字国有保安林内ノ土砂百二十立方尺価額四円八十銭ニ相当スルモノヲ窃取シタルモノナレハ、ソノ所為刑法窃盗罪ヲ構成シ、森林法ニ依リテ処断スヘキモノニアラス」（大判大九・一〇・一九評論九刑法一二、新聞一七七二・二二）。

植栽にかかる椎茸は一般の財物である

【68】「植栽にかゝる椎茸は、森林の産物に該当しないものと解するを相当とするからその窃取は森林法第一七九条に該当せず、刑法第二三五条に該当するものと解する」（東京高判昭二九・一〇・二一刑集七・九・一五〇一）。

墳墓の埋納物は一般の財物である

【69】「我カ法制ニ於テ墳墓ノ所有権ヲ認ムルコトハ民法第九八七条（旧）ニ依ルモ洵ニ明確一点ノ疑ヲ容レサルトコロニシテ、祭祀礼拝紀念ノ直接ノ目的タル死体遺骨遺髪等ト共ニ棺内ニ蔵置セラレタル物ニ付キテハ刑法第一九〇条第一九一条ニ於テ特別ノ規定ヲ為シタル結果トシテ、該蔵置物ノ不法領得行為ハ、直接ニ之カ発掘ヲ為スニ依ル場合ニハ、右第一九一条ノ領得罪ヲ構成スヘキモ、間接ニ之ヲ買取収受等ノ行為ニ依ル場合ニ於テハ右第一九〇条ノ領得罪ヲ構成スルニ止マリ該領得物カ賍物ニアラサルコトハ既ニ当院判例ノ認ムル所ナレトモ、他人所有ニ属スル墳墓ニ埋納セラレテ之カ内容ヲ成ス物ニシテ前示法条ノ特別規定ノ範囲ニ入ラサルモノハ、墳墓ノ地表ニ於ケル其組成物タル碑石植物土壌墻垣等ト其法律上ニ於ケル性質ヲ異ニスルコトナキカ故ニ領得ノ意思ヲ以テ不法ニ墳墓ヨリ分離シテ之ヲ自己ノ支配内ニ移ス行為ハ窃盗罪ヲ構成スヘク、右行為ニ因ル領得物カ賍物ナルヤ論ヲ俟タス。……而シテ叙上ノ蔵置物ヲ以テ所有権ヲ抛棄セラレタル無主物ナリト論スルヲ得ス」（大判大八・三・六評論八刑法五七）。

事実は、被告人等が某古墳（？）を発掘して蔵置の古鏡（？）三面他石器類を盗取して、これを予め買取を約束していた者に売渡したというのである。上告論旨は、この種の物は本来所有権を放棄せられた無主物と見るべきものであり、仮りに何人かの権利に属するとしても棺内蔵置物であると見るのが相当であるから一般の財物ではなく刑法第一九〇条の客体として取扱わるべきであると争つたのである。

遺骨から脱落した金歯は一般の財物

【70】（判決要旨）「仮墳墓改葬作業中そこにあつた死体又は遺骨から脱落した金歯は、死体遺骨とは別個の純然たる財物であつて、死者の遺族の権利に属し窃盗罪の客体となるものである。」

（理由）「論旨は、本件金歯は死者が生存中は他の自然の歯と共に一体となつて人体の一部を構成していたものであつて、この関係は死体となり遺骨となつても存続するものであるから右金歯は遺骨の一部と認むべきものであり、仮りに百歩を譲つて、遺骨の一部ではないとしても仮埋葬墳墓内に存在したものであるから棺内に蔵置した物であると主張するけれども、訴訟記録に依れば、本件金歯は東京都が管理する戦災死亡者仮墳墓の改葬作業中に右死体より脱落したものであり、被告人がこれを取得する際既に右死体より離脱していたことが明かである。而して刑法第一九〇条に謂ゆる死体とは、死者の祭祀若しくは紀念の為に墳墓に埋葬し或は埋葬すべき死体を謂うのであり、且つ右死体というのは全部でなくてもその一部である場合でも指称するのであり、同条に所謂遺骨とは、前同様の目的の為に火葬の上保存し又は保存すべき遺骨を謂うのであるが、人工的に附加した金歯の如きものは本来人体の一部分を為すものではないのであるから、それが本件のように既に死体より離脱するに到つた場合には、最早これを以つて死体の一部若しくは遺骨の一部と謂うことはできない。また前敍の如く本件金歯は、仮埋葬墳墓の改葬作業中死体より脱落したものであるから所論の如く棺内に蔵置した物ということもできない。従つてかような状態にある右金歯は既に死体若くは遺骨とは別個独立して純然たる財物として死者の遺族の権利に属し、明かに所有権の対象となるものと解するを相当とする。論旨は理由がない。」（東京高判昭二七・六・三刑集五・六・九三八）。

火葬後に於ける謂ゆる金歯屑も一般の財物

【71】「死者ノ遺族等カ死者ノ遺骸ヲ火葬ニ付シ之ヲ灰燼ニ帰セシメタ場合ニ於テ、死者カ生前歯牙ニ金冠

ソノ他金ニテ加工ヲ為シ居ルトキハ、ソレ等ハ火葬ニ依リ或ハ遺骸ト分離シテ原状ノ儘、或ハ鎔解シテ吹玉トナッテ骨灰中ニ所謂金歯屑トシテ残存スルニ至ルモノデアルカ、火葬後遺族等カ骨揚ヲ為スニ当ッテ、遺骨ノ外右ノ金歯屑ヲ全部拾集スルコト能ハスシテソノ幾分ヲ骨灰中ニ遺留スルコトノアルハ数ノ免レサルトコロナルモ、之等ノ金歯屑ハ、骨揚ヲ終ラサル間ハ遺族等ノ所有ニ属シ、無主物ヲ以テ目スヘキモノニアラス。然レトモ金歯屑ハ原状ノマ、遺骸ト一体ヲ為シ居ル間ハ遺骸ト独立シテ所有権ノ目的物ト為シ得サルモ、火葬ノ結果独立シテ存在スルニ至リタル以上ハ、相続人ノ所有ニ属スルモノトイハサルヘカラス。而シテ骨揚ヲ為シタル後ノ骨灰ハ遺骨ト同一視シ得サルモ之ヲ塵埃ト等シク直チニ遺棄シ去ルハ吾人ノ道義上ノ見解ニ於テ厭フヘキモノアルヲ以テ一般市町村経営ノ火葬場ノ如キニアリテハ、之等骨灰ノ為骨置場ヲ設置シ、骨揚後ノ骨灰ハ悉ク之ニ移シ、相当堆積シタル後競売ニ付シ、ソノ売得金ヲ市町村ノ雑収入ニ充テルヲ例トス。コノ如キ場合ニ於テハ、骨揚ヲ為シタル後ノ骨灰中ニ偶々金歯屑カ残留シアルモ、ソノ金歯屑モ亦骨揚ヲ終ルト同時ニ市町村ノ所有ニ帰属スルモノト解スヘキナリ。蓋シ遺族等ハ骨揚ノ際ニ拾集スヘキモノヲ拾集シタル後残留物ニツイテハ之カ処分ヲ当該市町村ニ一任シ其適当ナル措置ニ委スル慣例アリト解スヘキカ故ニ、骨灰中ニ金歯屑アルモ特ニ所有権留保ノ意思表示ヲ為ササル限リ、ソノモノニ対スル所有権ハ挙ケテ之ヲ当該市町村ニ移転シタルモノト認ムルヲ相当トス」（大判昭一四・三・七刑集一八・九三）。

生体又は死体と一体を為す人為的加工物は、その人体と一体を為す間は独立して権利の客体となり得ないことは勿論であるが、その加工物が自然的又は人為的に分離独立した場合には普通の動産の一種と化し、或は本人の、或は相続人等の、或場合には市町村等の所有権の客体となる財物であるというのである。そして、それが棺内又は墳墓内に存する間は、棺内蔵置物又は遺骨等の意義を有するが、自然的原因に依り又は第三者若くは犯人等の行為に依つてそれから分離独立せしめられた場合にも又その性質を変じて一般の動産即ち財物となり盗財等の客体となると判示されたのである（竹田・火葬後に於ける所謂金歯屑、

法と経済一二・二五〇、小斉「金歯抜取事件の法律構成」法学志林四一・一・八六以下参照）。

遺骨も詐欺罪の客体としては財物である

【72】「詐欺取財罪ノ成立ニハ人ノ所有ノ目的トナリ得ヘキ物件ニ対シテ之ヲ行ヘハ即チ足レリトシ、必シモ財産上ノ価値ヲ有スル物体ニ対シテ行フコトヲ要セス。而シテ死者ノ遺骨ハ、交換価値ヲ有セスト雖モ、人ノ所有ノ目的トナリ得ルモノナルコト論ナキ所ナレハ、若シソレ詐欺ノ手段ヲ以テ之ヲ騙取センカ詐欺取財ノ罪ヲ構成スルヤ明ナルカ故ニ、原院カ本件遺骨ヲ騙取シタル被告ノ所為ニ擬スルニ詐欺取財罪ヲ以テシタルハ相当ニシテ本論旨ハ理由ナシ」（大判明三九・七・五刑録一二・八三八）。

事実は某聯隊の遺骨下附係官に虚偽の申出をして或者の遺骨を騙取したというのである。上告論旨は、遺骨の如きは財産上の価値を有するものでないことは明白であるし、又遺骨は単に葬送の目的に供せられる外何等財産的意義を有するものでないから、本件の行為は何人の財産権をも侵害していないから詐欺罪を認めるのは不当であると争つたのであつた。

同趣旨

【73】「遺骨ハ有体物トシテ所有権ノ目的トナルコトヲ得ヘキモノニシテ、ソノ所有権ハ相続人ニ帰属スルモノト解ス。然レトモ、遺骨又ハ遺骸ニ対スル所有権ハ、事物ノ性質上他ノ物貨ニ対スル所有権ト大ニ趣ヲ異ニシ特殊ノ制限ニ服スルコト論ヲ俟タス。蓋シ遺骨又ハ遺骸ハ、単ニ埋葬、管理及ヒ祭祀ノ客体タルニ止リ、之カ所有権ヲ認ムルモ実ハ叙上ノ目的ヲ達スルカ為ニ他ナラス」（大判昭二・五・二七民集六・三〇七）。

故に遺骨は、盗取又は騙取の目的とされた場合は一般の財物と同一に取扱われるが、これに対する遺棄損壊行為の目的とせられた場合は刑法一九〇条等の客体として特殊物件として取扱われるわけである。

桑葉十貫目は一般の財物

【74】「警察犯処罰令第二条第二九号ハ略ボ旧刑法第四二九条第一六号ト意義ヲ同シクスルモノタルニ過キス。畑地ニ成育スル他人所有ノ桑葉約十貫匁ヲ窃取スルカ如キハ菜果ノ採摘ニアラスシテ、旧刑法ニ於テソノ第三七二条規定中ノ産物窃取ニ該当スルモノニシテ、刑法ニ於テハ別ニ田野盗ノ規定ヲ設ケサルヲ以テ叙上ノ窃取行為ハ同法第二三五条ノ他人ノ財物ヲ窃取シタルモノニ該当ス」（大判大四・六・二四刑録二一・八九九）（佐伯・刑法犯と警察犯、牧野祝賀刑事論集三一三頁以下参照）。

馬鈴薯十貫匁は一般の財物

【75】（判決要旨）「窃盗罪と警察犯処罰令二条二九号との区別は被害法益の大小軽重に依つて決すべきもので、その被害法益が「財物」として保護さるべきに達するときは窃盗罪を構成する。約十貫の馬鈴薯の窃取は窃盗である。」

（理由）「この警察犯処罰令の規定は軽微な犯罪を対象とし、被害法益の零細軽微なものに対し警察的取締りをすることを目的とするものであることは、前記本条の字句に照しても亦立法の沿革に徴しても明白である。窃盗罪との区別は被害法益の大小軽重に依つて決すべきものとするのが妥当である。その被害法益が「財物」として保護さるべき程度に達するときは窃盗罪を構成し、然らざるときは警察犯としての野荒しとなるのである。結局は社会通念に従つて裁判官が判定すべき事柄である。それで本件について見るに、上告趣意書に明なるように被告人は夜間午後八時九時頃南京袋に入れて自転車に積んで畠の中のじやがいも五、六貫匁位宛を二回盗取したものである。国民の凡てが食糧難に苦んだ本件犯行の昭和二二年七、八月当時に於ては、馬鈴薯は主食の一部として取扱はれている程であつて、五貫目十貫目の馬鈴薯が持つ経済的価値は相当高く評価さるべきであつた。従つて斯る被害法益が刑法二三五条の「財物」として保護さるべき程度のものであることは疑を容れないところである」（最判昭二六・三・一五刑集五・四・五一二）。

最高裁判所のこのような見解に従えば、旧警察犯処罰令二条二九号に該る価値の零細軽微な物は「財物」として刑法的保護に値しないものであるということになる。右警察犯処罰令の規定が廃止になり現行の軽犯罪法にはこれに相当する規定が削除せられた現在に於ては、一般に寡少価値物は、刑法上の「財物」の観念に含まれないことになるのであろうか（右判例については八木国之・刑法雑誌四・一・一一〇以下の研究参照）。

拾得者の所持する漂流物は一般の財物

【76】「原院ノ認メタル事実ニ依レハ、被告ハ本件漂流木材ノ取集方ヲ所有者ヨリ請負タリト詐リ、其ノ漂流木材ヲ拾得シタルA外二名ノ者ヨリ其ノ引渡ヲ受ケテ之ヲ騙取シタルモノニシテ、被告カ既ニ欺罔手段ヲ用ヒ拾得者A等ノ占有スル所ノ本件木材ヲ自己ニ交付セシメテ之ヲ領得シタル以上ハ刑法第三九〇条（旧）ニ規定スル欺罔騙取ニ因リ詐欺取財ノ罪ヲ犯シタルモノニシテ、其木材ノ所有主ノ甲タルト乙タルトハ被告ノ犯罪ニ何等ノ影響ヲ及ボササルハ勿論、ソノ木材ニハ拾得ノ当時所有者ナカリシモノト仮定スルモ、之カ為ニ被告ノ詐欺取財罪ノ成立ニ欠クルコトナシ。何トナレハ、漂流物ハ……制規ノ手続ニ従ヒ公告ヲ為シタル上一箇年ノ経過後拾得者ニ於テ其所有権ヲ取得シ得ヘキ筋合ナレハ、被告カ本件ノ拾得者A等ヲ欺キ漂流ノ木材ヲ騙取シタル所為ハ、拾得者A等カ権利ヲ侵害スル不法ノ行為ナルハ論ヲ俟タサル所ナルヲ以テナリ。果シテ然ラバ、原院カ本件被告ノ犯罪事実ヲ叙スルニ当リ漂流物ノ所有者ノ何人タルヤヲ示ササルヲ以テ原判決ノ瑕瑾ト為スコトヲ得ス」（大判明三九・四・九刑録一二・四二九）。

これは上告論旨が、所有権者が不明の場合は何人かの所有権を害されたとは云い得ない、又現在の占有者は所有者に返付する意思を以て被告に引渡したのであるから彼等にも何等の損害はない、と争つたのに答えたものである。

六　いわゆる禁制品の財物性

（一）　いわゆる禁制品即ち法律上特に正当事由ある者の外は、一般にその所有又はその所持を禁止せられたもの、従つて財産権、所有権の目的物となり得ない物も亦刑法財産罪の規定上「財物」の観念に含まれるか否かについては問題がある。何故なれば、このような禁制品であつても現実にこれを所持する者に対して、国家がその所持を奪うについては法定の資格及び手続を必要としているのであつて、これに違反する手続に依り又は無権限者が濫りにその所持を侵すときは、単にその手続規定に違反するばかりでなく、人の所持に対する平和的秩序を危険ならしめる虞を生ずるからである。それで若干の古い判例には、禁制品は財産権の目的となり得ないものであるから、刑法上の財物の概念に包含されないものであり、従つてこれを奪取する行為は盗罪又は騙取罪となり得ないと認めたものもあるが、学説並びに最近の判例は、刑法における財物罪の規定は、人の財物に対する事実上の所持を保護せんとするものである、即ち社会の法的秩序を維持する必要上物の所持という事実自体を独立の法益として保護する趣旨であると解し、禁制品に対しても財物罪の成立を認め、従つてその財物性を肯定するようになつた（牧野・日本刑法下三四五頁参照）。

(二)　先ず禁制品の財物性を否定した判例を挙げる。

偽造証書は財物ではない

【77】「被告等ノ偽造シタル公正証書ノ原本ハ無価値ノモノナルノミナラス所有権ノ目的物ト為ラサルヲ以テ、之ヲ騙取スルモ詐欺取財罪ヲ構成セサルコトハ本院判例ノ示ストコロナリ」（大判明四二・一一・九刑録一〇・一五一九、抄録三六・三六八五）。

これは、上告論旨が本件の公正証書正本は偽造であるというので没収の言渡をされたような違法の物件である、このような違法物件が詐欺罪の目的たる「財物」であると為す原判決は自家撞着も甚だしい、と争つたのを肯定したものである。

同趣旨

【78】 前掲【56】の判例参照。

同趣旨

【79】「偽造証書ハ証書タルノ価値ヲ有スルモノニ非サルヲ以テ之ヲ騙取スルモ詐欺取財ヲ以テ論スヘキモノニアラス」（大判明二八・四・一二刑録明二八・三六〇）。

偽造証書が無価値の物であり財産権又は所有権の目的となり得ないものであると為すのは大審院の古くからの考え方である。然しながら、前にも述べたように、偽造証書であつても、これを所持する者が訴訟上又は訴訟外に於て一定の事実証明の資料として用いるような場合には、屡々重大な価値を有し、そしてその所持及び行使は正当なものとして、従つて所有権の目的として保護されねばならないであろう。

阿片煙は財物ではない

【80】「被告等カ共謀ノ上刑事巡査ノ体ヲ装ヒ朝鮮人乙ヲ欺罔シテ本件阿片煙土一貫八十五匁ヲ奪取シタル事実ハ明白ナルモ、阿片煙ハ所謂禁制品ニシテ法定ノ認許ヲ得タル者ノ外一般私人ノ所有ヲ許ササルノミナラス、ソノ所持ヲモ禁止シテ之ニ違反スル者ヲ処罰スヘキ法規ノ存在ニ鑑ミ之ヲ考覈スルニ、阿片煙ハ財産権ノ目的ト為スコト能ハサルヘク、従ツテソノ所持ハ毫モ法律ノ保護ヲ受クヘキ利益ナリト謂フコトヲ得ス。故ニ之ヲ侵害スル行為ハ犯罪ヲ構成スルモノニ非サルヲ以テ無罪タルヘシ。然ルニ原判決カ、被告カ法定ノ許可ヲ得タル者ニアラサル乙ヨリ右阿片煙ヲ奪取シタル所為ニツイテ刑法第二四六条第一項ニ該当スルモノトシテ処断シタルハ失当タルヲ免レス」（関東庁高等法院判大九・七・二四評論九・一九二、新聞一七三八・一六）。

（三） 以下の判例は禁制品についてその財物性を肯定したものである。

「モルヒネ」は財物である

【81】「窃取トハ人ノ財物ニ対スル所有又ハ所持ヲ不法ニ褫奪スルヲ謂フ。而シテ大正四年関東都督府令第五号「モルヒネ」「コカイン」ノ取締リニ関スル件ヲ按スルニ、第一条ニハ「何人ト雖モ正当ノ事由ナクシテ、「モルヒネ」「コカイン」又ハソノ注射器ヲ所有又ハ所持スルコトヲ得ス」ト規定シ、第九条ニハ、「第一条乃至第四条ニ違反シタル者ノ所有又ハ所持スル「モルヒネ」「コカイン」又ハソノ注射器ハ警察処分ヲ以テ之ヲ没収ス」トアルヲ以テ、「モルヒネ」ノ如キハ正当ノ事由アルニ於テハ所有権ノ目的物ト為リ得ヘキ財物ナルコト勿論ナリトス。然リ而シテ、正当ノ事由ナクシテ之ヲ所有又ハ所持スル者ニ対シテハ、警察処分ヲ以テ之ヲ没収シソノ支配力ヲ奪フコトヲ得レトモ、ソノ所有者又ハ所持者ト平等関係ニ立テル一私人ハ、ソノ支配力ヲ奪フコト能ハサルモノナリ。斯ク財物ニ対スル支配力ヲ一私人ノ為ニ奪ハレサルヘキ状態ハ又以テ法律ノ保護スル一種ノ利益即チ法益ノ一種ナリト謂ハサルヘカラス。換言スレハ、ソノ状態モ亦法律ノ保護スル所有又ハ所持ニシテ一私人カ不法ニ之ヲ奪フ行為ハ窃盗罪ヲ構成スト論セサルヘカラス」（関東庁高等法院上告部判大一五・四・一〇新聞二五五九号、判例大成二三五条九項）。

上の二つは同じく関東庁高等法院の判決であるが、前者が阿片煙について「財産権の目的と為すこと能はさる」ものであるから、これを奪取する行為も亦無罪であると為したのについて、後者はいささか妥当を欠くものがあると反省して、禁制品と雖も「一定の法的手続に依らなければその所持を奪はれない」という法的保護を与えられている点に着眼し、このような保護を与えられた利益も一種の法益であり、それは「財物」としての意義を認むべきものであると訂正したのである。

賭博の器具も財物である

【82】「賭博ノ器具ハ財物ニアラスト謂フヲ得サルノミナラス、原判決ニハ兇器ヲ携帯シテ暴行ヲ加ヘ賭具及ヒ金銭入銭箱ヲ強取シタルノ事実ハ明カニ認メアルヲ以テ、良シヤ其原因ハ博徒ノ縄張争ヒニアルトスルモ盗罪ノ成立ニ欠クル所ナキヲ以テ之ヲ強盗罪ニ非スト論争スルヲ得サルモノトス」（大判明三一・二・二四刑録四・）。

これは、上告論旨が、賭具は有価の財物ではない、そして被告がこれを差押えたのは博徒社会の常法により一時之を差押えて相手の非行を反省せしめようとしたに過ぎないのであるから、それを「財物」として奪取したと見るべきものではない、と争つたのに答えたものである。

防腐剤含有清酒も廃棄処分前は財物である

【83】「防腐剤『フォルムアルデヒド』ヲ含有セル清酒ハ、之ヲ販売スルコトハ勿論販売ノ目的ヲ以テ之ヲ陳列シ貯蔵スルコトモ亦法ノ許容セサルトコロナレハ（明治三六年内務省令第一〇号第一条）、一般取引ノ目的ト為ルヲ得サルヤ疑ナシト雖、行政庁カ明治三三年法律第一五号第一条ニヨリ之ヲ廃棄シ若シクハ廃棄セシメサル限リハ、依然所有権ノ目的ト為シ得ヘキヲ以テ窃盗罪ノ目的タル財物タルヲ妨ケス。故ニ警察署カ販売授与ヲ禁止スル目的ヲ以テ差押ヘタル判示会社ノ所有ニ属スル判示清酒ヲ窃取シタル被告等ノ行為ハ当然窃盗罪ヲ構成スヘキモノトス」（大判大五・七・三一評論五・諸法三二九、新聞一一五〇・三一）。

これは、公衆の健康保護の為に販売所持を禁止せられた有毒飲料であつても、適法に廃棄処分が為される迄は、即ち私人が現実にこれを所持している間は、財産権の目的物であり従つて刑法上の「財物」であることを認めたものである。

（四）最近の最高裁判所及び下級裁判所の判例に於ては、禁制品も財産罪の客体としての「財物」であることが確認されている。

隠退蔵物資である元軍用アルコールも財物

【84】（判決要旨）「いわゆる隠匿物資たる元軍用アルコールで私人の所持を禁ぜられているものであるとしても、他人が現実に所持しているものを騙取すれば詐欺罪が成立する。」

（理由）「原判決の認定した本件被害物件は、元軍用アルコールであつて、かりにこれはいわゆる隠匿物資であるために、私人の所持を禁ぜられているものであるとしても、それが為に所論の如く詐欺罪の目的となり得ないものではない。刑法における財物取財罪の規定は、人の財物に対する事実上の所持を保護せんとするものであつて、これを所持する者が法律上正当に之を所持する権限を有するかどうかを問わず、たとえ刑法上その所持を禁ぜられている場合でも現実にこれを所持している以上社会の法的秩序を維持する必要からして、物の所持という事実上の状態それ自体が独立の法益として保護せられ、濫りに不正の手段に依つてこれを侵すことを許されぬとする趣意である。」（最判昭二四・二・一五刑集三・二・一七五）（定塚脩・刑事判例評釈集一一・六八参照）。

これは牧野博士等が夙くから主張しておられる「所持は所持としてそれ自体一つの独立の法益として保護されねばならない」という考え方を、最高裁判所が真正面から承認採用したものである。これに従つた下級裁判所の判例も出ている。

統制横流品も財物

【85】「弁護人は本件取引は隠退蔵物資又は統制横流品の摘発が目的であつたので、被告人等に詐欺の犯意がないと主張するけれども、仮りにこれは謂わゆる隠退蔵物資又は統制横流品である為に私人の所持を禁ぜられているものであるとしても、それがために詐欺罪の目的となり得ないものではない。刑法に於ける財物取罪の規定は、人の財物に対する事実上の所持を保護せんとするものであつて、これを所持する者が法律上正当にこれを所持する権限を有するかどうかを問わず、たとえ刑法上所持を禁ぜられている場合でも現実にこれを所持している事実がある以上社会の法的秩序を維持する必要からして物の所持という事実上の状態それ自体が独立の法益として保護せられ、みだりに不正の手段に依つてこれを侵すことを許さない。而して苟くも人を欺罔しこれに原因してその人から自巳に取得する権利のない財物を自巳に交付させこれを不正に領得すれば詐欺罪を構成する。」（大阪高判昭二五・二・二高裁特報七・一五〇）。

占領軍物資も財物

【86】「被告人がMから恐喝取得した判示の各物件が同人所持の連合国占領軍若しくはその将兵の財産に属することは所論の通りである。しかし刑法における財物取罪の規定は人の財物に対する事実上の所持を保護せんとするものであつて、これを所持する者が法律上正当に所持する権限を有するか否かを問わず、たとえ法律上その所持を禁ぜられている場合でも現実にこれを所持している事実がある以上、社会の法的秩序を維持する必要からして、物の所持という事実上の状態それ自体が保護せられ濫りに不正の手段に依つてこれを侵すことを許さぬものであること当裁判所の判例とするところである（昭二三（れ）九六七号同二四・二・一五言渡判決）。されば M が右物件を所持することが所論政令に依つて禁ぜられているとしても被告人等において不正の手段によつて之の所持を奪うことの許されないのは勿論である。」(最判昭二五・四・一一刑集四・四・五二八)。

上告論旨は、本件の被害者Mの所持していた物件は、連合国占領軍若くはその将兵の財産であつて昭和二二年政令第一六五号第一条に依つてその所持を禁止されている物である、かような物は謂わゆる禁制品であつて特に公認された場合の外一般私人の所有を許さず又その所持をも禁止されておりこれに違反する者は処罰されるものである、このような物件は財産権の目的となり得ないものである。従つてその所持は毫も法規の保護を受くべき利益であると謂うを得ないからこれを侵害する行為も亦犯罪を構成し得ない、と争つたのである。

七　財産上不法の利益

一　財産上不法の利益の意義

（一）刑法は強盗罪（二三六条二項）、詐欺罪（二四六条二項）及び恐喝罪（二四九条二項）については、行為が一定の「財物」を客体として為された場合の外「財産上不法の利益」を客体として為された場合にもそれぞれの罪が成立することを認めている。従つて、これ等の犯罪に於ては「財物」と「財産上の利益」とは同質同価値のものとしてこれを保護対象としているのである。財物は個々の財産権の実体を為すものであるが、財産上の利益は財産状態一般に対して影響を与える意味を持つものである。

財物以外に「財産上の利益」と見られる場合を三種に大別することができる。第一は、被害者に財産上一定の処分を為さしめる場合である。例えば、債務を免除せしめ又は債務の履行を延期せしめるような場合がこれである。第二は、被害者をして一定の労務を提供せしめる場合である。労務はそれ自体としては「財物」ではないが、一切の財物を産出する根原的な力であるから財物同様財産的意義を持つものとして刑法的保護を必要とするわけである。故に暴行脅迫を以つて義務なき労務を提供せしめた場合には刑法二二三条の強要罪が成立すると同時に二三六条二項の強盗罪が成立する。第三は、被害者をして一定の意思表示を為さしめる場合である。例えば、被害者をして一定の債務を負担する旨の口頭約束又は証書を提供せしめるような場合がこれである。

(二)　刑法はこのような場合を「財産上不法の利益」と呼んでいるが、これは勿論その利益自体が不法なものであるという意味ではなく、これを取得する犯人の側から見て、これを取得する手段方法が不正不法であるところの利益という意味である。換言すれば、暴行脅迫又は欺罔、恐喝等の不法手段によつて取得される利益が「財産上不法の利益」である。判例もこれを認めている。

「財産上不法の利益」とは不法手段によつて得た利益

【87】「刑法第二四九条第二項ニ所謂「財産上不法ノ利益云々」トハ、正ニ利益獲得ノ方法手段ノ不法ナルコトヲ意味シ、財産上ノ利益ソノモノカ不法ナルコトヲ意味スルニ非サルモノトス」（大判大一五・一〇・五評論一六刑一二）。

労務の提供、債務の免除又は延期は「財産上の利益」である

【88】「刑法第二四六条第二項ノ規定ハ、人ヲ欺罔シ自己又ハ第三者ニ対シ、労務ヲ提供セシメ、或ハ其ノ債務ノ免除又ハ延期ヲ為サシムルカ如キ財物以外ノ利益ヲ不法ニ領得スル行為ニ適用セラルヘキモノトス」（朝高法判大一一・九・一二評論一一刑三〇〇）。

(三)　一定の意思表示が法律上無効である場合にも判例は「財産上の利益」が成立し得ることを認めている。

白米の値下販売承諾の口頭約束は財産上の利益

【89】「原判決ニ依レハ被告等ハ判示米商ヲ恐喝シテ畏怖セシメ、被告等其他多衆ニ対シテ内地米一升ヲ二十五銭ノ割合ニ値下売渡スヘキ旨ヲ承諾セシメタル事実ナレハ、被告等ハ恐喝ニ依リ白米商ヲ畏怖セシメ判示ノ価格ヲ以テ白米ヲ廉売スヘキ旨ノ意思表示ヲ為サシメ、法律上白米商ヲ拘束シ依テ財産上ノ不法ノ利益ヲ自己ニ取得シ又ハ多衆ヲシテ取得セシメタルモノト謂フヘク、仮令白米商ヨリ承諾証ヲ交付セシメサルモ又現実ニ廉売ヲ以テ白米ヲ売渡サシメサルモ、被告等ノ行為ヲ以テ刑法第二四九条ノ恐喝罪ノ既遂ニ問擬スルニ付キ理由不備ノ違法アリト論スヘカラス」（大判大八・五・二三刑録二五・六七三、新聞一三六五・二五）。

これは大正八年のいわゆる米騒動の際に町民等が米商を脅迫して白米を値下げ販売する旨の口頭約束を為さしめたという事実に関するものである。上告理由が、このような意思表示は法律上無効であるから被害者に何等の財産上の損害なく、又犯人に何等の利益の取得がない、そうして、その意思表示は何等文書によつて提供されたものでもなく現実に廉売を受けたわけでもないから、財産上の利益を得ることを目的として為されたとしても未遂であると争つたのに答えたものである。脅迫によることのような意思表示又はこのような意思表示を記載した文書が強取又は騙取せられた場合に、そのよう

な意思表示又は文書は民法的には全々無効のものであつても、事実上被害者は一定の債務を負担するについて重要な証拠を提供したことになり、そうして犯人がこれを得たことになるのであるから、判旨はこのような利益も亦これを「財産上の利益」と見ることが可能であるというのである。

「財産上の利益」は必ずしも法律上有効に取得するを要しない

【90】「刑法第二四六条第二項ニ所謂不法ノ利益ヲ得又ハ他人ヲシテ之ヲ得セシムルトハ、適法ノ理由ナクシテ他人ヨリ財産上ノ利益ヲ自己ニ取得スルカ又ハ第三者タル他人ヲシテ之ヲ取得セシムルノ謂ニシテ、其ノ財産上ノ利益ハ法律上有効ニ之ヲ取得又ハ取得セシムルコトヲ必要トセス。仮令其利益ノ取得ハ法律上無効ナリトスルモ苟クモ外形ニ於テ（形式的ニ）之ヲ取得スルヲ以テ足レリトス。依テ原判決ヲ査閲スルニ、……被告等ハ共謀シ欺罔手段ニ依リHカ被告Kニ対シテ有スル判示債権ノ担保タル抵当権取得ノ登記ヲ債務ノ弁済名義ニ依リ抹消セシメ、以テ登記簿上右債務及ヒ之カ担保タル抵当権ヲ債務弁済ニ依リ消滅セシメタルノ形式ヲ得以テ不法ノ利益ヲ得タルコトヲ認定シタルモノナルコト前記同判文ニ徴シテ明瞭ナリトス。従テ被告等ハHヲ欺罔シ被告Kヲシテ不法ノ利益ヲ得セシメタルモノナレハ右判示事実ニ対シテ刑法第二四六条第二項ヲ適用処断シタルハ正当ニシテ本論旨ハ理由ナシ」（大判明四二・一一・一五刑録一五・一六一四、抄録三六刑三七一二）。

上告論旨は、このような登記は法律上無効であり従つて被害者に何等財産上の損害なく被告等に何等財産上の利益の取得がないと争つたのである。

「財産上の利益」は積極的なると消極的なると、永久的なると一時的なるとその種類及び態様の如何を問わない

【91】「刑法第二四九条第二項ニ所謂財産上ノ利益トハ、積極的ナルト消極的ナルト将タ永久的ナルト一時的ナルト其種類及ヒ態様ノ如何ヲ区別セス財産上ノ利益ヲ汎称スルモノナルヲ以テ、恐喝ニ因リテ得タル財産上ノ利益カ消極的ニシテ而カモ一時的ニ止リ、永久的ニ之ヲ保持スル能ハス又積極的ニ利得スル所ナシトスル

モ恐喝罪ノ成立ヲ妨クルモノニ非ス。原判決ニ依レハ被告ハ家賃ノ支払ヲ延滞シタルカ為ニ家主ヨリ其支払ト借家ノ返還ヲ請求セラルルヤ之ヲ恐喝シテ家主ヲシテ其請求ノ実行ヲ躊躇セシメ因テ被告ハ一時其義務履行ヲ免カレ財産上利益アル状態ニ措カレタルモノナレハ、家主ヲシテ全然債務免除ノ意思ヲ表示セシメテ被告ニ於テ永久ニ債務ノ免脱ヲ得タル場合ニ非スト雖モ刑法ニ所謂不法ニ財産上ノ利益ヲ得タルモノニ外ナラス。故ニ原判決カ被告ノ行為ヲ恐喝ノ既遂ヲ以テ論シタルハ相当ニシテ所論ノ如ク違法アルモノニ非ス。論旨ハ理由ナシ」（大判明四五・四・二二刑録一八・四九六、抄録五二刑五七八九、新聞七八九・二六）。

上告論旨は、被告は明渡しの遅滞によつて損害賠償義務を生ずるのであるから何等不法に利益するところがない、被告は恐喝の手段を用いて家賃免除の意思表示を為さしめたものでないと争つたのであつた。

「財産上の利益」には財産上の関係に於ける便宜を得ることをも包含する

【92】「財産上ノ利益ニハ財産上ノ関係ニ於ル便宜ヲ得ルコトヲモ包含スルモノニシテ、債権関係ニ付キ債務者カ一時債務ノ弁済ヲ免カルルトキハ債務者ハ之ニ依リテ其ノ間或ハ不利ナル条件ノ下ニ資金ノ調達ヲ為スコトヲ免レ或ハ其ノ弁済資金ヲ他ニ利用スルヲ得ル等財産上ノ関係ニ於テ便宜ヲ得ヘキカ故ニ該債権ニ利息債務ノ随伴スルト否トヲ問ハス現実財産上ノ利益ヲ得ルモノト謂ハサルヘカラス。然レハ即チ原判決第一ノ事実ノ如ク恐喝手段ニ依リテ一時債務ノ支払ヲ免レタル以上ハ刑法第二四九条第二項ノ恐喝罪ヲ構成スルコト勿論ニシテ、所論ノ如ク該利益ハ何等経済的価値ナシトシテ之ヲ不問ニ付シ本犯罪ノ構成ヲ否定スヘキニ非ス。論旨理由ナシ」（大判昭八・一二・一八刑集一二・二三八四、新聞三六八〇・一五）。

事実は被告が遊興代金八十二円八銭の支払の請求を受けたところ、東京から若い者を連れて来てお前の家をつぶしてやる云々と店主に申し向けて畏怖せしめ、一時その支払を免れ約六ヶ月遅滞した後これを支払つたというのである。上告論旨は、このような債務は利息のないのが普通であり、六ヶ月の遅滞によつて犯人には何等経済的価値ある利益なく被害者に何等の損害がないから、被告は何等財産上不法の利益を得たものではないと争つたのである。

（四）　財物に対する罪と財産上の利益に対する罪とは同質であり従つてその両者の何れに着眼して法条を適用しても又両者を区別せずして概括的に法条を適用しても違法ではないとされている。

財物取罪と不法利得罪とは同一罪質同一罪名である

【93】「刑法第二四六条第一項第二項ハ同一罪質ニシテ同一ノ罪ナレハ、之カ適用ヲ為スニ当リ其孰レヲ適用スルモ、又ハ之ヲ区別セスシテ概括的ニ之ヲ適用スルモ、法律ノ適用ヲ誤リタルモノニ非ストス」（大判刑聯明四四・五・二三刑録一七・七四九）。

この判決はその前年十二月二十三日の大審院第一刑事部の判決が、刑法第二四九条第二項を適用すべき場合に誤つて第一項を適用した判決は擬律錯誤として破毀すべきであるとしたものを聯合部判決を以て変更したものである。本判決以後同趣旨の判決がしばしば繰返されている。

同趣旨

【94】「刑法第二四六条第一項第二項ヲ通シテ同一罪質同一罪名ニシテ単一ノ刑罰法則ヲ為スモノナルヲ以テ、右被告ノ行為ニ対シテハ唯刑法第二四六条ヲ挙ケテ之ヲ適用スレハ足ルモノナルカ故ニ之ヲ同条第一項ニ問擬シタルハ窮竟同法条ノ刑罰法規ヲ適用シタルモノタルヲ失ハス」（大判明四四・五・二九刑録一七・一〇二〇）。

一箇の欺罔行為によつて財物と財産上の利益とを併せ騙取したときは単純一罪

【95】「刑法第二四六条ノ第一項ト第二項トハ相異リタル処罰条項ナルニ拘ラス其ノ罪質タルヤ同一ニシテ同一ノ罪トシテ規定スルモノナルニ依リ、一箇ノ欺罔行為ヲ以テ財産上不法ノ利益ヲ得且ツ財物ヲ騙取シタルトキハ、刑法第二四六条ニ該当スル単一ナル詐欺罪ヲ以テ論スヘキモノトス。然レハ原審カ被告カ被害者Aヲ欺罔シ、旧債務ノ弁済ヲ……延期スルノ承諾ヲ得且ツ金八十円ヲ騙取シタル事実ヲ認メ、同法第二四六条ニ問

擬シ、同法第五四条ヲ適用セサリシハ相当テアル」（大判大四・四・二六 刑録二一・四二四）（なお〔118〕の判例参照）。

二　債務の免脱

（一）　財産上の利益は、積極的に財産的利益の給付を受けたような場合は勿論、消極的に債権の免脱を得た場合にも成立する。しかしこのような利益は犯人の行為とそれの取得との間に単に因果関係が存するだけで足りるのか、それとも被害者の処分行為即ちその免脱を承認する旨の意思表示によつてこれを得たことを必要とするかについて問題がある。判例は次のような立場を採つている。即ち或場合には単に因果関係が存するだけでは足らず相手方の処分行為が必要であると為し、或場合には単に因果関係が存すれば足るとしている。

債権者を殺害して債務の履行を免れるのは財産上不法の利益を得たものではない

【96】「暴行又ハ脅迫ノ手段ニ依ル不法利得ノ罪（二三六条二項）ノ成立ニハ、犯人カ之等ノ手段ヲ用ヒテ不法ニ財産上無形ノ利益ヲ得又ハ他人ヲシテ之ヲ得シムル為、他人ニ対シ財産上ノ処分ヲ強制スルコトヲ要ス。従テ債務者カ債務ノ履行ヲ免ルル目的ヲ以テ単ニ債権者ヲ殺害セル行為ノ如キハ同条項ノ強盗罪ヲ以テ論スルヲ得ス」（大判明四三・六・七 刑録一六・一二一〇）。

これは財産上不法の利益を得たという為には、犯人の行為（債権者の殺害）と債務履行の免脱の事実との間に単に因果関係が存するだけでは足らず、被害者の側に財産上の処分行為即ち意思表示があつたことが必要であるというのである。しかし次の判例は、単に事実上債務の支払を免れる状態を生じた限り、債権者の側に債務の支払を免除する等の意思表示があつたことを必要としないものと認めている。

支払請求不能状態に陥らしめた事実は財産上の利益である

【97】「暴行又ハ脅迫ノ手段ニ依リ被害者ヲ畏怖セシメ又ハ其ノ反抗ヲ抑圧シ依テ財物ヲ領得シタルニ於テハ、被害者ヨリ財物ヲ提供セシメテ収受シタルト其ノ提供ヲ俟タス進テ之ヲ奪取シタルトヲ問ハス共ニ刑法第二三六条第一項ノ強盗罪ヲ構成スルコト論ナシ。同条第二項ノ罪ハ、財物ノ奪取ト不法利得トヲ異ニスル外同条第一項ノ罪ト其ノ構成要素ニ差異アルヘキ理由ナキカ故ニ、現ニ債務ノ支払ヲ免ルル目的ヲ以テ暴行又ハ脅迫ノ手段ニ依リ被害者ヲシテ債務ノ支払ヲ請求セサル旨ヲ表示セシメテ支払ヲ免レタルト、右手段ヲ用ヒ被害者ヲシテ精神上又ハ肉体上支払ノ請求ヲ為スコト能ハサル状態ニ陥ラシメ以テ支払ヲ免レタルトヲ問ハス共ニ暴行脅迫ヲ以テ財産上不法ノ利益ヲ得タルモノニシテ強盗罪ヲ構成スルモノト謂ハサルヘカラス。換言スレハ、同条第一項第二項共ニ強盗罪ヲ構成スルニハ、暴行脅迫ト財物奪取又ハ不法利得トノ間ニ因果関係アルヲ以テ足レリトシ、常ニ必スシモ被害者ノ意思表示アルヲ要スルモノニ非ス。原判決ノ認定シタル事実ハ、被告人ハ……自動車乗車賃ノ支払ヲ免脱セント決意シ……突如運転手ノ後方ヨリ所持ノ手拭ヲ同人ノ頸部ニ巻キ付ケ強ク之ヲ引締メテ同人ニ暴行ヲ加ヘ、依テ其場ヲ逃走シ乗車賃ノ支払ヲ免レタルモノナリト謂フニ在リ。然ラハ、被告人ハ下車スルニ当リ運転手ヨリ賃金支払ノ請求ヲ受クヘキカ故ニ其ノ請求ヲ為スコト能ハサラシメテ之カ支払ヲ免レンコトヲ図リ、……右行為ニ依リ運転手ノ請求ヲ不能ナラシメ賃金ノ支払ヲ免レ不法ノ利益ヲ得タルモノニシテ、暴行ト不法利得トノ間ニ因果関係アルコト勿論ナレハ、刑法第二三六条第二項ノ強盗罪ヲ構成スルコト明カナリ。従テ原判決ハ擬律錯誤ノ違法アリト為スヘキニ非ス」(大判大六・五・八刑集一〇・二〇五評論二〇刑二〇五、新聞三三八四・一三)。

上告論旨は、不法利得罪の成立には相手方に財産上の処分を強制することが必要であると為す判例(大判明四三・六・一七同年(れ)八五〇号事件)を援用して争ったのであるが、本件の場合のように、債務の支払を免るる為暴行を加え債権者をしてその支払の請求を為すことができないようにした場合は、その請求について「不作為による財産上の処分」を強制したものに外ならないと説示している。しかしこのような事実が不作為の処分行為であると見ることができるとすれば、相手方を殺害して請求不能に陥らしめる場合も不作為処分の強制と見ることができるであろう。もし本件と類似の行為が他人の看守する家屋について為された場合はどんな結論になるのであろうか。直接の判例は見当らないが、司法協会刑事審査会の質疑回答がある。

暴行脅迫により他人所有の家屋を不法占拠する場合は財産上の利益

【98】 上掲【13】の質疑回答参照。

欺罔に因る「債務履行請求」の回避は財産上の利益ではない

【99】「刑法二四六条二項にいう『財産上不法ノ利益ヲ得又ハ他人ヲシテ之ヲ得セシメタル』罪が成立するためには、他人を欺罔して錯誤に陥れ、その結果被欺罔者をして何らかの処分行為を為さしめ、それによつて、自己又は第三者が財産上の利益を得たのでなければならない。……第一審判決の確定するところでは、被告人の欺罔の結果、被害者Kは錯誤に陥り、「安心して帰宅」したというに過ぎない。同人の側にいかなる処分行為があつたかは同判決の明確にしないところであるのみならず、右被欺罔者の行為により、被告がどんな財産上の利益を得たかについても同判決の事実摘示において何ら明かにされてはいないのである。同判決は、「因て債務の弁済を免れ」と判示するけれども、それが実質的に何を意味しているのか、不文明であるというのほかはない。あるいは、同判決は、Kが前記のように誤信した当然の結果として、その際履行の督促をしなかつたことを、同人の処分行為とみているのかもしれない。しかし、すでに履行遅滞の状態にある債務者が、欺罔手段によつて、一時債権者の督促を免れたからといつて、ただそれだけのことでは刑法二四六条二項にいう財産上の利益を得たものということはできない。その際、債権者がもし欺罔されなかつたとすれば、その督促、要求により、債務の全部又は一部の履行、あるいはこれに代りまたはこれを担保すべき何らかの具体的措置がぜひとも行われざるを得なかつたであろうといえるような、特段の情況が存在したのに、債権者が債務者によつて欺罔されたため、右のような何らかの具体的措置を伴う督促、要求を行うことをしなかつたような場合には

じめて、債務者は一時的にせよ右のような結果を免れたものとして、財産上の利益を得たものということができるのである。ところが、本件の場合に右のような特別の事情が存在したことは、第一審判決の何ら説示しないところであるし、記録に徴しても、そのような事情の存否につき必要な審理が尽されているものとは認めがたい。従って第一審判決に審理不尽、理由不備の違法がある。」（最判昭三〇・四・八刑集九・四・八二七）。

事実は、被告人はりんごの仲買を業とする者であるが、Kに対し、りんご「国光」五百箱を売渡す契約をしその代金を受領しながら履行期限が過ぎてもその履行をしなかつたため、Kから再三督促を受けたので、昭和二三年四月一一日その履行の意思がないのにKを某駅に案内し、同駅でTをしてりんご四百二十二箱の貨車載みを為さしめ、恰もK宛発送の手続を完了したかのようにKに示して、その旨同人をして誤信させてKが安心して帰宅するやその履行を為さずよつて債務の弁済を一時免れたというのである。判旨は、この場合に被害者Kは単に消極的に即時の履行請求をしなかつたというに止り何等の処分行為（意思表示）をしたのでないから被告は何らかの財産上の不法の利益を得たものと認めることができないというのである（同様に処分行為を厳格に解している判例として、大判大一二・二・一三刑集二・五四参照）。

（二）　詐欺の手段によつて債務の免脱を得た時は勿論財産上不法の利益を取得したものと認められるわけであるが、その免脱を得ようとしてこれを得なかつた場合、又はその免脱を得しめた被害者の意思表示が法律上無効である場合にも財産上の利益あるものと認め得るかについてしばしば疑問が提起されているが、判例は次のように答えている。

債務の免脱を図りその目的を遂げなかつた場合にも財産上の利益を認め得る

【100】「法律ハ、詐欺ノ手段ニ因リテ積極的ニ財物ノ給付ヲ得タル行為ノミナラス、消極的ニ財産上ノ利益

ヲ得タル行為即チ債務ノ免脱ヲ得タル行為ノ如キモ亦刑法第二四六条第二項ニ依リテ処断スル精神ナリト解釈スルヲ相当トスル。何トナレハ、害悪ノ観念ニ於テ右前段ノ行為ト後段ノ行為トヲ区別シ、前者ヲ罰シテ後者ヲ不問ニ付スヘキ法律上ノ理由アルヲ見サレハナリ。左レハ原判決ニ於テ、本件被告カ詐欺ノ手段ヲ施シ以テ債務ノ免脱ヲ図リタルモ其ノ目的ヲ遂ケサリシ行為ニ対シ、刑法第二四六条第二項第二五〇条ヲ適用シタルハ相当ナリ」（大判明四二・一二・一三刑録一六・七八〇）。

貸借関係消滅の承諾は財産上の利益

【101】「被告甲ハ乙ヲ欺罔シ貸借名義ノ下ニ金員ヲ交付セシメテ事実上之ヲ騙取シタルモ、乙カ之ニ因リテ弁済ヲ求メ来ルノ虞アルヲ以テ、甲ハ更ニ進テ同人ヲ欺罔シ右貸借関係ヲ消滅セシムルコトヲ諾セシメ、以テ右請求ヲ受クル虞ナキニ至ラシメタルトキハ、刑法第二四六条第二項ニ所謂財産上不法ノ利益ヲ得タルモノトス」（大判大八・二・一八刑録二五・二〇六、評論八刑四八、新聞一五二六・二二）。

定期米証拠金支払義務の免脱も財産上の利益

【102】「原判決ニ依レハ、被告K等ハ米穀取引所仲買人ニシテ定期米売建ノ注文ヲ為シ、第一ノ事実ニ付テハ証拠金八百二十円、第二ノ事実ニ付テハ証拠金三百六十円ヲ支払フヘキ義務アルモノナルニ、金員ノ支払ニ代ヘテ其ノ偽造ニ係ル定期預金証書ヲ交付シ以テ証拠金支払ノ義務ヲ免レタルモノナレハ、被告K等ハ之ニ因テ現実的財産上不法ノ利益ヲ得タルモノト云ハサルヘカラス」（大判大三・一〇・一刑録二〇・一七四三、評論三刑二三五）。

同趣旨の判例が繰返されている（大判大一三・二・二三刑集三・四三五、評論一三刑三一四）。

無効の債務免脱契約も財産上の利益

【103】「苟モ人ヲ欺罔シタル結果トシテ財物ノ所持ヲ取得シ又ハ不法ノ利益ヲ得タル所為アルニ於テハ、其取得若クハ利益カ永久ニ保持シ得ラルル場合ナルト否トニ不拘詐欺罪ヲ構成スルモノトス。故ニ原判決ニ認メタルカ如ク、債権者ノ支払請求ヲ受クルニ当リ詐欺ノ手段ヲ用ヒテ外形上債務ノ免脱ヲ受ケタル以上ハ、其債

務免脱ノ原因ト為リタル契約カ法律上無効タルノ故ヲ以テ、其免脱ノ利益カ将来ニ保持シ得ラレサル場合ト雖モ、欺罔ノ結果不法ノ利益ヲ得タルモノタルヲ免レサレハ、詐欺罪ヲ構成スルコト論ヲ俟タス」（大判明四三・六・二刑録一六・一〇四二）。

事実は被告がAB両名に対する債務の代物弁済に当てる為に、Y所有の山林の売買及び所有権移転に関する証書類を騙取しこれを使用して登記申請をなし登記官吏をして登記簿に不実記載を為さしめ、以て右ABに対する債務を免れたがYからその代金の支払を請求されたので更にX名義の山林売付契約書を偽造しこれをYに交付して右代金七百円の支払を免れたというのである。上告論旨は、右Xに関する権利の移転は絶対に不能であるから被告は何等の利益を取得していないと争ったのであった。

欺罔手段を以て債権を株式に振替ることを承諾せしめた場合も財産上の利益

【104】「欺罔手段ヲ施サレタル相手方カ、結局其ノ詐術ノ為ニ錯誤ニ陥ラサリシ為ニ犯人カ詐欺ノ目的ヲ達シ得サリシトスルモ尙詐欺未遂罪ノ成立スルハ勿論ニシテ、又詐術ヲ施シテ一時不法ニ債務ノ履行ヲ免レタル以上ハ、法律上ヨリ之ヲ見レハ到底完全ニ其ノ免脱ノ目的ヲ達シ得サルモノナルニモセヨ、之ニ因リテ即時ノ債務履行ヲ遷延セシムルヲ得ルカ故ニ現実財産上ノ利益ナシト云フヘカラス。従テ詐欺ニ依リテハ到底債務ヲ免ルル目的ヲ達シ得ヘカラサルヲ理由トシテ詐欺罪ノ責任ヲ免レ得ヘキモノニ非ス。原判決ノ確定セル事実ヲ按スルニ、被告ハ一万数千円ノ金ヲ所持シ且ツ現実会社事業ヲ経営スルノ意思ハ毫モ之ナキニ拘ラス単ニ其ノ債権者ヲ欺キ不法ニ債務ヲ免ルル方法トシテ判示債権者ニ対シ「取立テ得ヘキ見込アル債権金三万円ヲ資本トシ」ナル語ヲ包含セル詐言ヲ述フル等ノ欺罔手段ヲ施シ、同人等ヲシテ其ノ債権ヲ株式ニ振替フルコトヲ承諾セシメ、形式上会社設立ノ手続ヲ為シテ右債権者ヲ欺キ、同人等ニ負ヘル債務ヲ免レントセシモ、不正ノ手段タルコトヲ看破セラレ未遂ニ了レリトイフニアルヲ以テ、被告ノ右ノ行為ハ原判示ノ如ク刑法第二四六条第二

項ノ罪ノ未遂罪ヲ構成スルコト些ノ疑ヲ容レス」（大判大四・三・五刑録二一・二五七）。

同様に第三者に対する無効に帰した債権証書をなお有効なものであると詐り、これを自己の債権者に交付して自己の債務の免脱を図つた場合（大判明四四・一〇・二三刑録一七・一七三四）、無効に帰した領収書を裁判所に提出して債務の弁済を免がれようとした場合（大判大元・一二・二六刑録一八・一五六二）等にも財産上不法の利益を得たことが認められるとされている。

公簿に代金納付済の如く虚偽の事実を記入した場合も財産上の利益

【105】「公簿ニ代金納付済ノ如ク虚偽ノ事実ヲ記入シ、之ヲ行使シテ他人ヲ欺キ外観上代金支払債務ノ免脱ヲ得タル以上ハ、実際ニ其ノ債務カ消滅セス従テ将来ニ該利益ヲ保持シ得サル場合ト雖モ詐欺罪ノ構成ヲ妨ケサルノミナラス、被告ニ於テ実際納付セサルニ拘ラス納付シタルカ如キ虚偽ノ事項ヲ記載シタル公簿ヲ村役場ニ備付ケタル以上ハ、監督官庁其他第三者ノ閲覧シ得ヘキ状態ニ置キタルモノニシテ、其ノ所為自体詐欺ノ手段ヲ施用シ欺罔ノ目的ヲ達シタルコトトナルヲ以テ詐欺罪ニ問擬スヘキモノト謂ハサルヘカラス」（大判大四・四・二八刑録二一・五一九）。

事実は、被告が村有山林を買受け二百五十余円の代金を支払わねばならぬことになつていたのに、判示のような行為を為したというのである。上告論旨は、本件の行為によつて代金債務は法律上消滅することがなく従つて被告人は何等の利益も現実に取得していない、又その公簿を村役場に備付けただけでは未だ特定の何人をも欺罔したことにならない、と争つたのであつた。

三　債務の履行延期

（一）　債務の免脱を得た場合の外、一時債務の支払延期を得る等財産上の関係において一定の便宜を得た場合にも判例は「財産上の利益」の取得を認め得るものと解している。

恐喝により遊興代金の支払を数ケ月遅延せしめた場合は財産上の利益

【106】 上掲【92】の判例参照。

恐喝により家屋空渡を延滞せしめた場合も財産上の利益

【107】 上掲【91】の判例参照。

欺罔手段により支払請求を一時免れた場合も財産上の利益

【108】「欺罔手段により債権者を錯誤に陥らせた結果、当然受くべき支払請求を事実上一時免れたときは刑法第二四六条第二項の詐欺利得罪を構成するものとする。」（仙台高判昭二八・一〇・九刑集六・一一・一五一三）（なお【39】の判例参照）。

更改も財産上の利益

【109】「更改ハ之ヲ事実上ヨリ観察スルトキハ、債権関係ノ同一ヲ保チ単ニ物体又ハ主体ヲ変更スルモノニシテ唯所謂債権ノ変更アルニ過キサルモノト為シ得サルニ非サルモ、法律上更改アリト謂フニハ既存ノ債務消滅スルニ因リ其ノ代替トシテ新ニ別異ノ要素ヲ有スル債権カ発生スルコトヲ要スルモノナルカ故ニ、法律上更改アリタル場合ニ於テ債権者ハ新ニ既存ノ債権ト異ル債権ヲ取得スルモノナルヲ以テ、財産上利得シタルモノト謂ハサルヘカラサルモノトス」（大判大一二・一二・二五刑集二・一〇一七、評論一三刑訴六二）。

（二） 欺罔手段によつて取得する財産上不法の利益は他の手段による場合と自らその成立要件に特殊性が認められている。

破産状態にある者が財産の一部を隠匿した場合は財産上の利益

【110】「弁済ノ延期ハ債務者ヲシテ一時債務ノ履行ヲ免レシムルモノナレハ、債務者ハ之ニ因テ現実的財産上ノ利益ヲ得ルコトナシト謂フヲ得ス。従テ詐欺ノ手段ニ依リ弁済ノ延期ヲ為サシムルニ於テハ詐欺罪ヲ構成スルコト論ヲ俟タス。殊ニ本件ノ如ク破産ノ状態ニアル者、其ノ財産全部ヲ以テ各債権者ニ配当支払ヲ為シ残余ノ債務ニツイテハ年賦弁済ヲ為スヘキ旨ノ示談ヲ為ス場合ニ於テハ、常ニ債権者ニ対シ弁済ヲ不確実ナラシ

メ殆ト債務免脱ニ等シキ結果ヲ生セシムヘキモノナルヲ以テ、斯クノ如キ示談ヲ為スニ当リ財産ノ一部ヲ隠匿シ、債権者ニ配当支払ヲ為サシムルカ如キハ論旨ニ所謂現実的利益ヲ不正ニ獲得シタルモノニ非スト謂フヲ得ス」（大判明四四・一〇・五刑録二一・一六〇〇）。

上告論旨は、刑法第二四六条第二項に「財産上不法の利益」というのは、広汎なるすべての利益を意味するものではなく、現実的の制限せられた狭義の利益、即ち財物を現実に取得した場合に準ずる利益の取得のみを謂うのである、斯く解さなければ同条第一項の必要は失われてしまうわけである、従つて弁済の延期は債権者が後日弁済を請求する権利を有するのであり、債務者が財産上何ら利益を得たものということを得ない、と争つたのであるが、大審院は他の場合と同様判示の如く答えたのである。

同趣旨

【111】「債務者カ債権者ヲ欺罔シテ譲歩セシムル意思ヲ以テ、自己ノ財産ノ若干分ヲ隠匿シ、残余ノ財産ノ外ニ財産無キ旨ヲ詐言シ、因テ債権者ヲ錯誤ニ陥レ、債権者ヲシテ残余財産ヲ以テ債権額中一分ノ弁済ニ当テ爾余ノ債権額ニ付キ支払ヲ猶予スルコトヲ諾セシメ、其他債務者ニ有利ナル条件ノ下ニ年賦弁済ヲ受クルコトヲ諾セシムルニ至リタルトキハ、其ノ欺罔手段ヲ施用シ債権者ヲシテ錯誤ニ陥リ意思表示ヲ為サシメタル結果、財産上不法ノ利益ヲ得タル点ニ於テ刑法第二四六条第二項ノ詐欺罪ヲ構成スルモノトス」（大判大四・六・二四刑録二一・八八九）。

抵当権の実行を妨げた場合も財産上の利益

【112】「被告ハ詐欺ノ手段ヲ以テ抵当権ノ実行ヲ妨ケ、引テ其ノ債務弁済ノ延期ヲ得タルモノニシテ、弁済ノ延期ヲ得ルハ財産上不法ノ利益ヲ得ルモノナルコトハ当院従来ノ判例ニ於テ認ムル所ナレハ、原判決ハ所論ノ如キ違法アルコトナシ」（大判大五・二・一九刑録二二・二七一）。

四　抵当権の抹消、その他

（一）　欺罔手段を以て抵当権を抹消するときは、債権者に債権担保の利益を失わしめることによって抵当権設定者がその抵当物件を自由ならしめ、これを新たな債権担保に供する等財産上の便宜を取得することは明かである。それで判例もこれを「財産上の利益」であると認めている。

抵当権の抹消も財産上の利益

【113】　上掲【90】の判例参照。

同趣旨

【114】「抵当権ヲ抹消シタル以上ハ、抵当権者ハ被告等ノ欺罔手段ニ因リ登記上抵当権ヲ喪失スルト同時ニ、其ノ目的物タル不動産ノ所有者即チ第一審相被告Kハ形式上抵当権ナル負担ヲ免レ、被告人自身ハ形式上抵当権者トシテ其ノ順位ニツキ利益ヲ受ケルコト明カナレハ、原院カ被告等ノ所為ニ対シテ刑法第二四六条ヲ適用シタルハ相当ナリ」（大判明四三・二・一〇刑録一六・二二八）。

（二）　判例はなお次のような種々の場合にも財産上不法の利益の取得が可能であることを認めている。

譲渡した免許権を欺罔手段を用いて無効ならしめる場合も財産上の利益

【115】「原判決ノ認メタル事実ニ依レハ、本案ニ於テ被告カBニ譲渡シタル目的ハ、公有水面埋立工事ニ関スル持分ノ免許権ナレハ之ヲ称シテ直ニ民法上ノ権利（即チ所有権若クハ債権等）ナリトイフコト能ハサルハ勿論ナルモ、……右権利ハ之ヲ移転スルニ当リ当該行政庁ノ許可ヲ要スル外民法上ノ諸権利ト等シク売買譲渡交換等処分権ノ目的ト為スコトヲ得ヘキモノナルノミナラス、一旦工事完成スルニ於テハ其ノ持分ニ相当スル地所ノ上ニ完全所有権ヲ獲得シ得ラルヘキ性質ヲ有スル一種ノ権利ナルヲ以テ刑法第二四六条第二項ニ所謂財産上ノ利益ト謂フニ何ラ妨ケナシ」（大判明四三・六・一七刑録一六・一二一四）。

事実は、被告が埋立地所に関する持分の免許権を代金一千円で被害者Bに譲渡したが、埋立工事完成後右持分に相当する埋立地の価格が数倍に騰貴したので悪意を起し、行政庁に種々働きかけ欺罔手段を以て右譲渡契約を無効ならしめてその埋立地の所有権を自己に回復しようとしたというのである。上告論旨は、このような免許権は民法上の権利ではないからその譲渡契約を無効ならしめても民法上の財産権を侵害し、財産上の利益を得たことにならない、と争ったのであった。

預金債権の取得は財産上の利益

【116】「被告人カ判示為替手形十四通ノ割引金ヲ判示銀行ニ於ケル自己ノ当座預金口座ニ振替シタル事実ハ即チ現金ノ授受ヲ為スコトナク単ニ帳簿上ノ振替勘定ニ依リ割引金額ニ相当スル預金債権ヲ被告人ニ於テ取得シ、財産上不法ノ利益ヲ得タルモノニ外ナラサルカ故ニ、所論事実ハ刑法第二四六条第二項ニ問擬セラルヘキモノニシテ、之ニ対シ同条第一項ヲ適用シタル原判決ハ其ノ擬律ニ違法アリト謂ハサルヘカラス」（大判大一四・三・二〇刑集四・一八六）。

これは、被告が現金を騙取したのでなく単に自己の預金口座に一定の金額を振替入金した場合は、財物騙取ではなく財産上不法の利益を騙取したものであるというのである。最近の判例にも同趣旨のものがある。

仮受金口座への入金は財産上の利益

【117】「銀行員を欺罔して割引かせた手形割引金の残額を仮受金口座に入金させた以上、右仮受金口座に受入れられた金員は将来本勘定に繰入れらるべきもので通常の預金以外の預金と認むべきものであるから詐欺利得罪が成立する。」（東京高判昭二八・二・二三東京高時報三・二・七九）。

無銭飲食は財物であると同時に財産上の利益

【118】「およそ代金支払の意思がないのに、あるかのように装つて他人を欺罔して飲食物を提供させた場合、その飲食物を提供させた点につき財物の騙取として刑法二四六条一項の罪が成立し、又その代金の支払を免れた点については不法利得として同条第二項の罪が成立するものであるが、同条一項と二項は本来同一罪質で又同一罪名を為すものであるから、同一の被害者を欺罔して飲食物を提供せしめた場合は一箇の詐欺罪が成立するので、この場合同条一項の罪があるものとして法令の適用を示すも固より擬律に誤りがないのみならず、又何ら経験則に反するものということもできない。そして原判決は被告人が単に遊興したというのでなく原判示のように被告人が判示被害者を欺罔して酒一升五合赤貝等代金五千四十円相当の提供を受けてこれを騙取したというのであるから、これを第二四六条第一項に問擬したのはまことに正当である。」（福岡高判昭二五・三・一三一特七・一四〇）。

無銭飲食の場合は、飲食物を提供させた点については財物騙取であり、その代金支払を免れた点については、財産上不法の利益を得たものであるという観察はまことに妥当である。そうして、この両者は本来同一の目的に出た一個の行為に由来するものであり、これを包括して一罪と為すべきことは大審院判例以来認められているところである。なお【93】【94】【95】の判例参照。

刑法における占有の概念

中　義　勝

序

本編中、私が最も苦心を重ねたのは第三節第二款『個々の事例において事実上支配関係の存在を認めしめるにつき役立つ客観的諸条件』の諸項目である。しかも、最も意を用いた個所はえてしてまた最も意に充たぬ個所であることが多いが、拙稿においてもその歎を免れるものではない。然し、判例に現われた占有理論を整理するに方つては、かような試みの必要なことだけは今以て確信している。

次に、多年にわたつて累積された判例に内在的な理論から、その将来の発展をぼくすることも本双書の重要な任務として要請せられているのであるが、拙稿においても僅かながらこれがための努力を致した。しかし、その既往をみてその帰趨を知るには並々ならぬ力量を要することはいうまでもないことであつて、私の推論の如きは衆盲象を探るたぐい以外の何者でもないと自ら畏れている。

以上の外、不備の点も多々あることと思うが、不日改訂の機会があれば今一度根本的に考え直したい。大方の御叱正を得れば幸である。

一　はしがき

一　刑法上、占有という語は、普通横領罪（刑二五二）、業務上横領罪（刑二五三）及び占有離脱物横領罪（刑二五四）の三罪と、別に刑法二四二条との都合四ケ条に見られるにすぎない。然し、判例及び学説は、この語をただに横領諸罪についてのみならず、いわゆる盗取罪・騙取罪及び毀棄罪等においても用いることとし、且つ占有と同義もしくはこれに包摂さるべきものとして所持（例、大判大五・五・一刑録二二・六七三、牧野・各論下五七六頁、大場・各論上五四一頁、泉二・各論六七八頁、宮本・大綱三三五頁、木村・各論二三一頁）・支配（例、大場・各論上五四一頁、滝川・各論一〇五頁）・保管（例、大判大一五・一一・二刑集五・四九三、大場・各論上五三九頁）・管理（例、小野・各論二三一頁）等の語を使用している（そこで、以下の叙述においても、便宜上これらの語を用いることがある。）。しかも、横領諸罪の成立について必要な物の占有形態（他人占有か自己占有か無占有か）は法規に明文の存するところであるから争いはないが、諸他の財産罪の成立について問題となる占有に関しては、夫々必要とされる占有形態につき見解の対立をみ、従つて依拠する見解の相違に応じて盗取罪・騙取罪・毀棄罪（従つてこれらの罪と択一関係に立つ範囲で横領罪）等の成立する範域に広狭の別が生ずるという重大な帰結を招来する。それ故、占有の概念内容を闡明するに先立つて、全財産罪上において占める占有の体系的地位について黙過することは、いやしくも占有について語る以上、周到な態度ではないと考える。尤も、これを前提的に考察するとしても、固よりそれは占有の概念内容の論定に消長を来すことにはならないから、これへの関説は占有に関する問題的背景を知る必要上の限度に止めたい。

二　次に、占有概念の叙述に関しては、先ずその一般的な意味・内容乃至は占有を認めるについての一般的基準について論じ、更に、個々の事例において、かような一般的原理が行われていると認めしめる客観的条件を類別化し、次で、占有の種々相中、従来とも議論の多い鎖鑰・封緘容器在中物の占有、共同占有関係、死後の占有等につき考察する順序をとりたく思う。また、いわゆる占有離脱物の内容を明かにすることは、裏面からする占有概念の開明に外ならないものであるから、占有概念の積極的考察の末尾にその消極的考察という意味において説述し、次で、動産占有といささか異るものがあるとされる不動産占有につき述べたいと考える。なお、盗取罪の既遂か未遂かが争われている問題は、判例・学説上既に定説となつている同既遂時期に関する取得説、即ち他人占有の剝奪・自己占有の獲得が承認されるか否かを定める適用場面として、換言すれば、自己占有が行われている様相の一面を伝える問題として、直接占有の概念内容に触れる問題であるが、これについては本双書中別に『窃盗罪・強盗罪の既遂時期』があるから省略することとする。

三　以上の外、刑法上の占有につき存する問題には、占有は刑法上独立の法益と看做されるか否かの問題、横領罪の客体たる自己占有にかかる他人の物を自己に占有するにいたつた原因に如何なる限定を施すべきかの問題、及び業務上横領罪における業務上の占有の内容如何の問題等がある。但し、右は何れも刑法における占有の概念内容闡明に直接関係ある考察でなく、むしろ、これを前提としてその内部に胚胎するものであるのみならず、後二問中、前問については別に本双書に『不法原因給付と詐欺罪・横領罪』があり、後問についても『刑法における業務の概念』があることでもあるから、これへの考察は一切省略したいと考える。

二　財産罪における占有の体系的地位

一　判例・通説はいわゆる領得罪の観念を認めるから、財産罪は先ずこの侵害内容（領得的か毀棄的か）の差を第一次的な基準として領得罪と毀棄罪とに岐れる。且つ、毀棄罪はその客体たる物の占有形態の如何によつて更に異る下部的類型に分岐せしめられていないから、占有形態が毀棄罪に対してもつ意義は精々量刑上の情状としてのみだということになる（宮本・大綱三四一頁、尤も、判例上、他人所有の自已占有物を毀棄した事例に対する判旨は見当らぬようである）。従つて、占有形態の如何が諸種の財産罪を体系的に配列せしめる上に役立つ場面はただ領得罪内部においてのみであり、且つその体系的地位は侵害内容の下に位する第二次的以下の基準であるということが確認される。尤も、領得罪の観念を認めない学説にあつては事柄はおのずからまた別であつて、ここでは占有形態の如何が財産罪体系上最も優先的地位を与えられ、従つて毀棄罪の客体たる物は他人占有に限るとされているようである（牧野・各論下七九八頁、但し、同じく領得罪の観念を否定されながらも木村・各論一九一頁は自已占有にかかる他人の物を毀棄したときは、横領罪との観念的競合が成立すると解されている）。

二　次に、判例・通説は領得罪内部で財産罪を分つ基準として占有形態の如何をとりあげ、他人占有の財物につき成立する奪取罪（盗取罪、騙取罪）と然らざる横領罪（占有離脱物横領罪を含む、以下同じ）とを区分する。固より、これに対しても異説があつて、騙取罪は原則として占有形態の如何を問わず成立するから、領得罪内部で優先する体系的基準は占有形態よりも侵害方法の如何（窃得的か騙取的か）に在るものとし、従つてこの説によれば、占有形態のもつ体系的意義は高々窃得罪内部で盗取罪と横領罪を分つ尺度となるにすぎない（宮本・大綱三二九頁、滝川・各論一〇六頁、なお、他人所有の自已占有物を欺罔手段により領得する場合は横領罪なりとする判例には大判大一二・三・一刑集二・一六四、大判明四三・二・七刑録一六・一八〇、大判明四三・七・二六刑録一六・一四三六、大判明四三・一二・一六刑録一六・二二一八、大判明四四・四・一七刑録一七・五九一、大判大三・五・三〇刑録二〇・一〇六四、大判大四・四・九刑録二一・四五七、大判昭一一・一〇・一九刑集一五・一三五一、大判昭二一・四・一七月刑判例二・一・八三等がある）。

三　以上の素描によつても知られる如く、一部には固より異説のあることを免れないが、判例・通説の構想する財産罪体系は、先ず侵害内容の如何によつて領得罪と毀棄罪を分ち、次に占有形態の如何によつて奪取罪と横領罪を区別し、最後に侵害方法の如何によつて盗取罪と騙取罪を分つ。従つて、この立場においては、占有形態の如何は領得罪内部において各種財産罪を分つ上に頗る重大な機能を果すものとみられていることが知られる。固より、右に述べたところは単にその大要を示すにとどまるもので、詳細な記述や夫々の理論的根拠とするところには一切触れるところがない。また、これに対する私見の開陳も、ここはその場所でないものと思うから、挙げて省略することにする。ただ、ここでは上記した如く、占有をめぐる問題的背景の一斑を窺うという意味でその体系的地位を知れば足るであろう。

三　占有の概念内容

一　占有の一般的意義

物を握持又は監視するときは、刑法上通例占有を認めてよいのであるが、しかも刑法上占有の概念要素としてはこれを必須の要件とするに足らないのであつて、むしろ物に対する事実上の支配関係(tatsächliche Herrschaftsverhältnis)の存在が必要であるとされている。つまり、物に対する現実的握持又は監視は、この物に対する事実上支配関係を通常徴表せしめる意味を持つものにすぎない。従つて、前者がなくとも後者が認められる場合は刑法上の占有は充分に存して欠けるところがないに反し、逆に前者が存しても後者が認められない場合には占有ありとはいえないのである（以上に関する判例は後示する）。故に、刑法上の占有（所持）は民法上の占有に対し、以下の点において異るものがあるとされている。

先ず、民法上の占有には占有者において自己のためにする意思が必要であるが（民八〇一）、所持にはこれを要しない。次に、民法上の占有は代理人によって取得し得るが（民八一）、所持は代理人によっては取得されない。さらに、民法上の占有は相続によって移転するが、所持にはこのことがない（後示〔18〕〔50〕参照）。かように、刑法上の占有は、現実的な観念として、事実上の支配関係の存在を必要とし、且つこれを以て足ると解されている。そこで、進んで、刑法上占有の必要にして充分なる要件たる物に対する事実上支配関係の存否を決するための思考基準を何に求むべきかといえば、畢竟は日常生活上の常態としてかかる関係が認められるか否かという規範的・社会的観察に帰する外はない（同説、泉二・各論六八〇頁、大場・各論上五三四頁、Frank, Strafgesetzbuch, 18 Aufl. S. 512; Maurach, Besonderer Teil, S. 161; Schönke, Strafgesetzbuch, 6 Aufl, S. 648; Welzel, Grundzügen, 2 Aufl. S. 158. なお、ウエルツエルはこれを占有における規範的・社会的要素 normativ-soziale Moment と名づけている。）。

判例に、

【1】『刑法第二百三十五条ニ所謂窃取トハ物ニ対スル他人ノ所持ヲ侵シ其意ニ反シテ窃ニ之ヲ自己ノ所持ニ移スコトヲ云ヒ、其所持トハ一般ノ慣習ニ従ヒ事実上物ヲ支配スル関係ヲ云フモノナリトス』（大判大四・三・一八刑録二一・三一〇、後出〔24〕の前言、傍点筆者）。

とあるのもこの謂に解すべきものと思われる。然しながら、再思すれば、右の規範的・社会的観察は、その規範的・社会的観察たるの点において形式的・固定的たることを免れ得るかわり、恰もまたそれが規範的・社会的観察たる限り毫も客観性をもたぬ不規定・無限定なものでなく、おのずから日常生活上の常態として一般的に認められるという限りの客観的制約に服するものといわねばならぬ。

判例が、

【2】『刑法第二百三十五条ノ窃盗罪ハ不法ニ他人ノ所持ヲ侵シテ其所有物ヲ自己ノ所持ニ移ス行為ニシテ、

其所謂所持トハ物ニ対スル事実上ノ支配関係ヲ指称スルモノトス。而シテ其支配ノ行ハルル状態ハ物ノ自然的及ヒ経済的性質ニ因リテ自ラ定マリ、必ズシモ同一ナラズ』（大判大五・五・一刑録二二・六七三、後示〔12〕の前言、傍点筆者）。としているのもかかる規範的・社会的観察が依拠する一応の基準を示したものと考えられる（判例と同趣旨、泉二・各論六八〇頁、宮本・大綱三三五頁、小野・各論二三一～二三二頁、Frank, Strafgesetzbuch, S. 512.）。

二　個々の事例において事実上支配関係の存在を認めしめるにつき役立つ客観的諸条件

右の如く、刑法上の占有の概念内容たる物に対する事実上支配関係の存在は、結局規範的・社会的観察によつて定められる外ないわけであるが、かような規範的・社会的観察も毫も客観的原理を容れざる恣意的なものでないことは当然であつて、何がしかの客観的機縁の存在を介して一般的に物に対する事実上支配関係ありと承認されるという構造を具備するものである。古く、喜頭兵一氏は『事実上ノ支配ノ存在ヲ断定スルカ為メニ社会ノ通念ハ次ノ如キ条件ヲ要求ス』として、場所的関係、時間的関係、法律関係、支配意思の存在等四項目の条件を掲げられている（喜頭『非独立所持ト窃盗』志林一三・七・一九）。これに対し、私は、右の如き客観的諸条件として、（一）物に対する現実的握持・監視の存すること、（二）個々の物が包括的に自己支配内にあること、（三）物の自然的性質により自己占有より離脱することなしとされる事情の存在すること、（四）物に対する支配力推及上相当な場所的区域内に物が存在すること、（五）特別の事情が解消すれば直ちに現実的握持が予想される場合、（六）占有につき特別の慣習が存在すること、（七）特別の客観的事情が存在するため物の所在を意識するだけで足るとされる場合、（八）特別の客観的事情が存在するため時々監視することを以て足るとされる場合、等の数項目に分類したいと思う。尤も、かく数項目に分類した所以は、右喜頭氏の分類を不適当と考えたからではなく、全く叙述の便宜に基ずく外に他意はない。且つ、右の分類が判例理論の内部的体系化を図るために完全なものだと自負するつもりも毛頭ない。ただ、累次の判例に現れたところを一応右の如く整理してみたまでにすぎない（殊に判例中には『その存在を意識し、遺棄したるに非ずして云々』ということを以て占有を認める理由とするものが少くないが、上記私の分類中には直接これに該る分類項目を設けなかつたのみならず、かかる文言を含む諸判例は上記分類中夫々異る項目中に配列されていることが多い。その理由は、私見によれば、占有なる事実関係は単に主観的なものではあり得ず、必ずこれに対応する客観的事情の存在と相俟つてはじめて肯定されるものであり、従つて物の所在につき認識があるという共通の性質も、その物の所在の仕方という客観的事情の相異に応じて夫々異る客観的原理に基ずく分類項目下に服属せしめられることを適当とするからである。）。更に、右は、これらの諸条件の存在が直ちに事実上支配関係の存在根拠を意味するものでないことは上記のとおりであつて、これらの諸条件の存在が物に対する排他性と実力行使の可能性を保証する限りにおいて、社会的観念上その物に対する事実上支配関係が認められるということを意味するにすぎない。

（一）　物に対する現実的握持・監視の存在

判例はしばしば、

【3】『刑法ニ所謂占有ト認ムルニハ物ヲ現実ニ支配スル事実アルヲ以テ足リ、必ズシモ物ヲ握持スル事実アルコトヲ要スルモノニアラズ』（大判明四四・四・一七刑録一七・六〇五、同趣旨のものには〔28〕〔32〕等多数ある。）。

として、物に対する現実的握持・監視の未だ必しも刑法上の占有を意味しない旨を強調している。然し、このことは、逆に、物に対する現実的握持・監視がむしろ刑法上占有ありとされる場合の常態をなしていることを物語るものに外ならないのであつて、然らずとすればかく繰り返しこの点を強調するにも及ばなかつた筈である。そこで、この種の条件の存在が牽いて物に対する事実上支配を認めしめる旨を明かに宣言した判例は、占有の存否を正面から争つたものとしてはむしろ少いのが当然である。けれども、かかる条件の存在により占有を認めたと解される判例もないわけではないのであつ

て、例えば、

【4】『李在光は鉄道線路の傍において同人の兄李在玉が進行中の列車内から買出して来たドンゴロス入白米約二斗を投げ出すのを待ち受けてこれを受取つたが、偶々巡査の制服をつけた被告人等の姿を見るや食糧の不法輸送の廉で取調べられるのを恐れ一時右の米を判示番小屋の前に置き去り附近に隠れてこれを監視していたところ、被告人等においてその事情を察知しながらこれを奪取した事実が認められる。従つて被告人等が右の米を自己の占有に移した際その米は右李在光の占有に属していてこれを離れていたものと言うことができない。』（大阪高判昭二五・五・一〇高裁特報一一・三四）。

とする判例では、明かに監視が占有を認めしめる条件となつている。但し、この際李在光が後刻帰来するつもりで一時難を避けるために現場から逃走して現実的監視をしなかつたとしても、後述三の二の（五）の理由により依然白米に対する占有を喪うものではないであろう。次に、ウルップ島に放牧の狐に対する占有を認めた次の判例も、おのずから天然の障壁を形成する海洋中の一孤島内各所に監視者を配備して、養狐の盗奪を予防警戒していた点を根拠とするものである。

【5】『〔弁護人上告趣意は〕 狐ノ如ク野生動物ニ付其ノ所有権ヲ認定スルニハ其ノ動物ノ飼養者ニ於テ其ノ所有ヲ明認セシムル適当ノ明示方法ヲ講ズルカ乃至ハ一定ノ限定セラレタル場所ニ於テ放養スルハ格別、然ラズシテ単ニ或ル広大ナル島全体ニ放牧スルガ如キハ未タ以テ所有者ノ権利ヲ保護スヘキ域ニ達セズ。野生ノ動物ハ人ニ馴養セラレタル場合ニ於テコソ之ニ対シ所有者ノ一定ノ保護ヲ為スニ至ルハ御院判例（後示判例〔12〕を参照—筆者註）ノ示ス所ナリ。コノ反対解釈ヨリスルモ本件ノ狐ハ未タ野生動物ノ域ヲ脱セザルモノト言フコトヲ得、原審判決ニ於テ証拠トシテ採用セル農林省水産局長ヨリ検事ニ対スル得撫島ニ於ケル狐密猟ニ関スル件ト題スル書面ニ依レバ得撫島一円ニ放牧シ特ニ区画又ハ牆垣等ノ設備ナシト記載アリ。其ノ他国トシテ採リタル手段トシテハ大正十五年農林省告示第七十八号ヲ以テウルップ島ヲ含ム或ル区域ニ禁猟区ヲ設

明示方法ヲ採リタルコトナシ。禁猟区ナルモノハ該区域内ニ於テ狩猟ヲ禁止スルノミニテ之ヲ以テ同区域ニ棲息スル野生動物ガ直チニ国ノ所有トナルモノニ非ザルハ勿論、同区域内ニ入ルコトヲ禁ジタルモノニモ非ズ。仮リニ農林省ニ於テ種狐ヲ移植シタル事実ヲ認ムルトスルモ此ノ事実ノミヲ以テ長径二十里周囲八十余里ノ広大ナル面積ヲ有スル同島ニ現存スル狐全部ヲ国有ナリト断定シ以テ窃盗罪ニ問擬シタル原判決ハ重大ナル事実ノ誤認アリト思料スベキ顕著ナル事由アリト信ズト云フニ在レドモ、農林省水産局長ヨリ検事ニ対スル得撫島ニ於ケル狐密猟ニ関スル件ト題スル書面其ノ他原判決挙示ノ証拠ニ依レバ、得撫島ニ於テハ嘗テ野生ノ狐棲息シタルコトアリシモ冬期餌食欠乏ノ為逐年其ノ数ヲ減少シ来リタルニ加ヘ、年々渡航越年スル密猟者ノ濫獲ニ因リ遂ニ其ノ種族ノ根絶ヲ見ルニ至リタルヨリ農林省ニ於テ大正五年其ノ所管ノ下ニ同島内一円ヲ飼養地域トシテ養狐事業ヲ創始シ、銀狐十字狐赤狐等ノ種狐ヲ移殖放牧シ、従来糧食ヲ之ニ給与シテ其ノ蕃殖保護ニ努メ、更ニ逐次優良種狐ヲ購入追加シテ狐種ノ淘汰改良ヲ図リ来リタルモノナルノミナラズ、右養狐事業創始ト同時ニ全島ニ禁猟区ヲ設置シ島内各所ニ監視者ヲ配備シテ養狐ノ盗奪ヲ予防警戒スル等之カ管理方法ヲ講ジ居レル事実ヲ認メ得ベク、右飼養地域ニハ特ニ牆垣ノ設備ヲ施サザルコト所論ノ如シト雖、該地域ハ海洋中ノ一孤島ニシテ自ラ天然ノ障壁ヲ形成シ他ヨリ野狐類ノ混入スル虞ナキコトハ顕著ノ事実ナルヲ以テ、同島ニ棲息スル狐ハ天然ニ発生生育セル野生無主ノ禽獣ト其ノ選ヲ異ニシ全テ之レ国家ノ所有ニシテ農林省所轄同養狐場管理者ノ占有ニ属スルコト明ナリト謂ハザルベカラズ』(大判昭一一・一二・二 刑集一五・一五三五)。

この場合には、狐の逃脱を防止するための設備は天然の障壁がこれに代り、外来者による密猟には島内各所に配置されある監視者がこれを排除し、相俟つて島内狐は養狐場管理者の排他的実力支配内に在るとされているのである。

なお、物に対する現実的握持・監視が直ちに刑法上の占有を意味せず、むしろ他人の占有機関乃至看守者と看做される場合については更めて後述する(三の二の(九)参照)。

（二）個々の物が包括的に自己支配内にあること

(1) 住居の占有者は、特別の事情の存しない限り、住居内に存する物を直接握持又は監視していなくてもこの物を事実上支配するにつき何らの障碍にも隔離されるところがない。その理由は、住居自体が居住者により排他的に占有されているからである。そして、この理は、住居内にある個々の物の存在が居住者に意識されていると否とを問わないのであつて、いやしくも住居自体につき包括的占有があれば足る。学者はこれを概括的支配意思ある事例として挙げている（泉二・各論六八二頁、宮本・大綱三三五頁、Maurach, Bes. Teil, S. 161; Schönke, Strafgesetzbuch, S. 684）。そこで、判例は、

【6】（事実）『飲酒店ノ主人タル片倉某女ガ他人ヨリ寄託セラレタル財物ノ所在ヲ見失ヒタル処、被告人ノ自認スルガ如ク被告人ハ片倉某女方ノ踏段ノ傍ニ在リタル其ノ財物ヲ拾得シタル』場合につき、

（判旨）『他人ヨリ財物ノ寄託ヲ受ケタル者ガ自宅内ニ於テ其ノ財物ノ所在ヲ見失ヒ現実ニ之ヲ握持シ若ハ監視スルコトヲ得ザルニ至リタルトキト雖、其ノ財物ニシテ主人ノ実力的支配ヲ及ボシ得ベキ屋内ニ存スル限リ、猶主人ノ自宅内ニ存スルコト明ニシテ、客ノ来集ヲ目的トスル場屋内ニ於テ其ノ所在ヲ見失ヒタルノ故ヲ以テ、場屋ノ主人ハ直ニ其ノ財物ノ占有ヲ失フモノナリト論断スルヲ得ズ』（大判大一五・一〇・八刑集五・四四三、なお後述七参照）。

として被告人を窃盗罪を以て罰している。また、旅館内便所に他人が遺失した金品在中の財布一箇を領得した事件につき、

【7】『被告ノ領得セル物件ハ所有者ノ小林末松ノ事実上ノ支配ヲ離脱シタルモ、末松ノ宿泊セル旅館主森田勇吉ノ事実上ノ支配ガ行ハルル該旅館屋内ノ便所ニ現在セシモノニ係ルヲ以テ、勇吉ガ右事実ヲ認知セルト否トヲ問ハズ、当然右物件ハ勇吉ノ支配内ニ属スト謂フベク。従テ遺失物ヲ以テ論ズルノ限リニ在ラズ』（大判大八・四・四刑録二五・三八三、なお後述七参照）。

窃盗罪を以て論ずるを相当とすとせられている。次に、

【8】『銀行事務室内ニ於テ銀行ノ支払主任タル者ガ職務上取扱ヒタル金銭ノ机上ヨリ落チタルコトヲ覚ラズシテ遺留セル場合ノ如キハ、其ノ金銭ガ主任者ノ占有ヲ離レタルトキト雖、銀行建物ノ管理者ノ占有ニ属スルコト勿論ナルヲ以テ、此ノ如キ金銭ハ要スルニ人ノ占有ヲ離レタルモノニ非ズシテ、其ノ金銭ノ所有者タル銀行ノ占有内ニ在ルモノナルガ故ニ』（大判大一一・九・一五刑集一・四五二）。

占有者に非ざる銀行小使がこれを領得する意思を以て自己の所有内に移す行為は窃盗罪になる、とする判例がある。銀行建物の管理者に占有を認めた判例の趣旨は、管理者が銀行内の物に対して排他的に包括的支配を有すると共に、小使は管理者の右包括的支配を補助・保全する単なる機関にすぎぬと看做されたからだと解される。なお、泉二博士は、本件につき、『然レトモ此場合ニ於テハ支払主任モ未タ其所持ヲ失ヒタルモノニ非スト認ムルヲ正当ナリトス』（泉二・各論九〇一頁）とされている。本判旨は後述七の役場事務室内に遺留された物【62】、小使が営業所内で発見した物【63】等に対する占有関係の判旨と比較して考察する要がある。更に、

【9】『被告ハ判旨橋本某方浴場ニ於テ、当時所有者不明ノ遺留品ニ係ル金製指環ヲ発見シ、領得ノ意思ヲ以テ自己ノ実力的支配内ニ移シ、排他的ニ之ヲ自由ニ処分シ得ベキ状態ニ置キタル事実ヲ認定スルニ足ル以上ハ、被告ガ発覚ヲ慮リ一時右浴室内ニ於ケル他人ノ容易ニ発見シ能ハザル如キ罅隙ノ個所ニ隠匿シ、機会ヲ俟ッテ之ヲ持去ランシタル事実アリタリトスルモ、右ハ被告ニ於テ物ニ対スル実力的支配ヲ抛棄シ再ビ之ヲ浴室ノ所有者タル判示橋本某ノ支配内ニ移付シタル事実ニ該当セズ、却テ排他的ニ被告ノ実力的支配ヲ継続シタル事実ナリト解ス』（大判大一二・七・三刑集二・六二四）。

とした判例では、浴場内の遺留品は当然浴場主人の所持に帰属するものなることが窺える。また、右

の判例は他人の支配域内に物を隠匿するという仕方による所持の態様の存することを物語るものであつて、判文に『排他的ニ之ヲ自由ニ処分シ得ベキ状態ニ置キタル事』とすることは、浴場主人の包括的支配を排することをも意味している。この種の判例としては、

【10】『目的物件を小屋外へ取出しても、構内は一般に人の自由に出入することができず、更に門扉、障壁、守衛等の設備があつて、その障碍を排除しなければ構外に搬出することができないような場合には、その目的物件をその障碍を排除して構外に搬出するか、あるいは少なくともそれに覆いをかぶせいんとくする等適宜の方法によりその所持を確保しない以上、未だその占有者の事実上の支配を排除して自己の支配内に納めたものとはいえない。』（大阪高判昭二九・五・四 高裁刑集七・四・九一）。

とするのがある。

(2)　以上とやや趣きを異にするかにみえて、実は同一の理論構造を具えるものに、例えば、しかけられた罠に陥つた禽獣の占有がある。そのやや趣きを異にするとしたのは、前者における住居の占有は居住という事実により与えられるに対し、後者における罠の占有は、罠をしかけた者においてその所在を意識し、従つて何時でもこれに実力を行使し得べき可能性を保持すると共に、他人のしかけた罠に対して払う一般人の尊重心に訴えて獲得される排他性により与えられるという点を指摘したのであり（罠をしかけた者が時々結果の確認に現場に来るであろうということも第三者に対する排他性を保持せしめる所以になる。）、共に同一の理論構造を具えるとしたのは、住居内の物も罠に陥つた禽獣も共に住居乃至罠の所持者により包括的に占有されている点に着目したからである。されば判例は、天然の岩石に附着せる海草の如きは、仮令その岩石の所在が漁業専用区域内に存しても、また岩石に或種の人工を施して海草の繁殖を容易ならしめても依然無主・無占有物であ

した上、これと対置して、

【11】『是レ麁朶其ノ他自己ノ占有スル物件ニ海草ヲ附着セシメ、又ハ機械、器具等ニ因リ海産物ヲ収容シ之ガ逃竄ヲ防グコトニ因リテ先占ヲ為ス場合ト其ノ選ヲ異ニスル所ニシテ、是等ノ場合ニ於テハ其ノ物件若ハ機械、器具ハ先占者ノ占有内ニ在ルガ為、之ニ附着シ又ハ収容セラレタル海草ハ当然先占者ノ占有ニ帰シ、其ノ他ニ採取行為ヲ必要トセザレバナリ』（大判大一一・一一・三刑集一・六二八）。

としている。この外、『例ヘハ自己カ張リ置キタル網ニ罹リタル魚又ハ自己カ設備シ置キタル罠ニ罹リタル禽獣又ハ自己ノ設備シ置キタル郵便受箱ニ投函セラレタル郵便物ノ如キハ一々之ヲ知ラサルモ網、罠、郵便受箱ニ対スル事実上ノ支配ヲ有スルニ依リ其魚、禽獣、郵便物ニ対シテモ亦事実上ノ支配アリト謂フヲ得』（大場・各論上五三五頁、同説、Frank, Strafgesetzbuch, S. 513）るであろう。

(三)　物の自然的性質により自己占有より離脱することとなしとされる事情の存在すること

動物・静物とも、その用法上の必要によりこれが所持のためには相当な設備を施すことを通常の形態とするものであり、殊に動物においては、無用意に放任するときは文字通りその居を転じ動いて、把捉して用役に任じ、又は観賞するに由なきこととなる。だから、これらの物に対しては檻・籠等の内に監置し、外出せしめるときは適当に握持又は監視してその占有を全うすることを常とする。然し、鳩・犬等の禽獣の如く、本来帰還の習性を体しているものにあつては、『帰還ノ習慣ヲ失ハサル限リハ一時屋外ニ徘徊シツツアル際ニ於テモ其主人ノ所持内ニアリト認メラルル』（泉二・各論六八〇頁）場合がある。

されば上記判例【2】はつづいて曰く、

【12】『野性ノ禽獣ト雖モ一タビ馴養セラレテ一定人ノ所有ニ属スル以上ハ、所有者ニ於テ家畜ト同ジク拘

禁スルコトナク、之ヲ自由ノ状態ニ放任スルニ因リ時ニ或ハ所有者ノ事実上ノ支配ヲ及ボシ得ベキ地域外ニ出遊スルコトアルモ、所有者ノ事実上ノ支配ニ属スル一定ノ棲息場所ニ復帰スル慣習ヲ失ハザル限リハ、之ガ為メニ所有者ノ支配ヲ離脱スルコトナケレバ、其所持内ニ在ルモノト謂フヲ妨ゲズ』

事案は『判示牡鹿ハ官幣大社春日神社ノ所有ニ属スル所謂馴養セラレタル獣類ナルヲ以テ、拘禁ヲ受クルコトナク自由ノ状態ニ放任セラレ神社ノ地域外ニ出遊シ判示他人ノ所有竹藪中ニ在リタリトスルモ、原判決ニ於テ右牡鹿ガ本来ノ野性ヲ復シ神社管理者ノ事実上ノ支配ヲ離脱シテ逸走シタル事実ヲ認メアラザルヲ以テ、判示牡鹿ハ当然神社管理者ノ所持内ニ在ルモノト謂ハザルベカラズ』とするにあつた（大判大五・五・一刑録二二・六七三）。

（四）　物に対する支配力推及上相当な場所的区域内に物が存在すること

物を一時取り落し、又は戸外から自家にしまい忘れても、被害者が依然現場又は現場に隣接する自家に居るときは、なお被害者のこの物に対する支配力推及が容易に行われるに反し、加害者は被害者に気づかれることを警戒しつつこれを奪取せねばならぬという客観的事情に在るものであつて、然る限りの排他的支配可能性が被害者に残されていると解し得るのである。

(1)　されば、被告人は上諏訪駅構内で貨物自動車から味噌樽を降して貨物ホームに担ぎ込む仕事をしていたが、其の際味噌樽の底から小銭がこぼれ落ちたので、味噌樽の底を探ると紙幣を包んだ紙包みがくつついていたので、其の中から紙幣五八円を抜き取つてズボンのポケットに入れ素知らぬ顔で立働いていたのであるが、被害者はやがてその紙包みの金を落したことに気付き附近を探したが、現金三銭と包紙とが自動車の下にあつただけで、紙幣はみつからなかつた、という事案において、東京控訴院は、

【13】『原判決挙示ノ各証拠ヲ綜合スレバ優ニ原判示四ノ窃取ノ事実ヲ認メ得ベク、而シテ該証拠ノ趣旨トス

ルトコロハ要スルニ同日午後八時頃中央線上諏訪駅構内ニ於テ本件被害者タル貨物自動車助手飯島又朗ハ自動車ノ積荷タル味噌樽ノ荷降ヲ手伝ヒ、被告人ハ仲仕トシテ該味噌樽ヲ受取リ貨物ホームニ運搬中、又朗ガ其ノ所有ニ係ル所持金五十八円三銭在中ノ紙包ヲ一時取落シ樽底ニ附着シタルヲ被告人ハ其ノ場ニ於テ該樽ヲ受取リタル際之ヲ発見覚知シタルニモ拘ラズ、即時窃ニ該紙包中ヨリ金五十八円ヲ抜取リ領得シタリトノ趣旨ニ外ナラザレバ、当時又朗ノ右所持金ニ対スル占有ハ未ダ喪失セザルモノト謂フベク云々』（東京控判昭一七・七・二八刑集二一・一三附録一）。

として窃盗罪を認めた。理由は、『被害者は確かに一時該紙包みを自動車附近に取落し、それが味噌樽の底に附着してゐたのであらう。しかし、かかる事態は未だ其の占有を離脱したものと謂へない。被害者はなお現に其の場に在り、気がついて探せば容易に見出し得る状態であつたからである。若し被害者が気がつかずに其の場を立去り、又は気がついて探しても見つからないのであきらめて立去つた後であつたなら事態は亦異つて来たであらうが、本件では被告人は其の場で被害者の眼をかすめて取つたのである。その直後に被害者が気がついて探したものらしい。しかし自動車の下に現金三銭と包み紙だけが落ちてゐるのを見出したに過ぎなかった。かかる事態はなお他人の占有中の財物を窃取したと謂ふに十分である』（小野『窃盗の客体たる財物の占有』刑評五・二五六、傍点筆者、牧野・各論下五六八頁も窃盗を認める。）というにつきるであろう。同様に、

【14】『原判決挙示ノ証拠ニ依リ被告人ガ判示円三郎ノ頭部ヲ殴打シ又其ノ胸部等ヲ足蹴ニシテ傷害ヲ加ヘタル事実並右円三郎ニ暴行中同人ガ落シタル財布中ヨリ金四十円ヲ抜取リ窃取シタル事実ヲ認定シ得ベク、而シテ他人ニ暴行中暴行ヲ手段トスルノ意思ナクシテ偶相手方ガ其ノ場合ニ落シタル財布中ヨリ金員ヲ抜取リ之ヲ不法ニ領得スルトキハ窃盗罪ヲ構成スルコト勿論ナルガ故ニ、原判決ガ右事実ヲ傷害罪及窃盗罪ニ問擬シタルハ正当ナリ』（大判昭八・七・一七刑集一二・一三一八）。

という判例においても、財布在中の金員抜取り当時、被害者はなお暴行現場に在つたのである。従つ

て、ここでも被告人は被害者の眼をかすめて窃取せざるを得ないような排他性に隔てられていたと解し得る（尤も、弁護人上告趣意では、右財布は被害者が投げ与えたと信じて受取ったとしている。）。

(2)　次に、例えば、石屋が石材を自家前の公道上に置き、『車夫カ自己ノ車ヲ飲食店ノ店先キニ置キ飲食スル場合』（大場・各論上五三四頁）の如きは、右石材及び車は、夫々石屋や車夫の支配力推及上相当な場所的区域内にあるに反し、一般的にみても、かかる場所に置かれてある物は屋内又は店内に在ると察せられる石屋又は車夫の実力支配内にあると推定されるのが相当である。そこで、

【15】（事実）『本件自転車は荒尾市四ッ山下区四百三十八番地前田写真材料店店主前田岩男の所有物件であるところ昭和二十九年三月二十七日夜同店雇人田島信雄が慌てて同店の戸締をした為該自転車を屋内に取入れることを失念しこれを客観的に見ても同店方に属する物件の置場所と認められる同店北側角より一米五五の地点にある同店隣家共楽荘の公道上の看板柱のそばに立掛け置いたこと及び右田島が翌朝該自転車を取入れ様とした時には既にこれが存在しなかつたこと並びに被告人に於て翌早朝午前三時頃該自転車を持ち去りこれを自己の支配下に領得した事実』において、

（判旨）『凡そ人が其の所有物を屋内に取入れることを失念し夜間これを公道に置いたとしても所有者において其の所在を意識し且つ客観的に見て該物件が其の所有者を推知できる場所に存するときは其の物件は常に所有者の占有に属するものと認められるから、これを窃取した所為は窃盗罪を構成すると解するを相当とする。』（福岡高判昭三〇・四・二五高裁刑集八・三・四一八）。

としたのである。店頭公道上は自己支配力推及上相当な場所的地域であり、且つこれにのつとつて日常生活上もこれを自家の物の置き場と認めている点が本件自転車をして占有離脱物たらしめない理由であろう。また、進行中の貨物列車から積荷を突落し後刻その場所に戻つて拾う計画の下に、

【16】『鉄道線路の地理現場の事情に精通していると認められる鉄道機関助士である被告人等が判示のごとく共謀計画して判示のごとく定められた目的の地点で積荷を列車外に突落した本件においては、特別の事情の認められない限り、その目的の地点に積荷を突落したときその物件は他人の支配を脱して被告人等共謀者の実力支配内に置かれたものと見ることができる。』（最判昭二四・一二・二二刑集三・一二・二〇七〇）。

とする判例にあつても、被告人等に占有の獲得を認めた要点は、被告人等が投下現場の地理・事情に精通し、後刻これを回収しようと思えば何時でも可能な主観的地位にあつたこと、及び他人にとつては荷物がそんな所に落ちているということには容易に気付かないであろうという客観的事情にあつたこと、従つて、かかる地点は、排他的に自己支配力を推及する上に相当な地点であることを条件としているものと思われる。

（五）　特別の事情が解消すれば直ちに現実的握持が予想される場合

ここに特別の事情とは、大震・火災・水害等公知の事実であつてもよく、また物の性質上、公道等に遺棄又は遺失されたものとは到底考えられず、その地点まで運搬して来たが何かの事情で一時これを路上に下し、後刻再び現場に帰来して目的の地点への運搬を継続するものと想像される際の特別の事情であつてもよい。

例えば、関東大震災の当時、神田区美倉橋附近の道路に搬出して、一時難を避けるために其所に放置されていた氏名不詳者にかかる蒲団その他一二点を窃取した事件につき大審院は、

【17】『人ガ其ノ所有物ヲ公道ニ置キ一時其ノ場所ヲ去リタル場合ニ於テ、所有者ニシテ其ノ存在ヲ認識シ而カモ之ヲ抛棄スルノ意思ニ出デザリシトキハ、其ノ物ハ所有者ノ支配内ヲ離脱シタルモノニ非ザレバ、他人ガ不法ニ之ヲ自己ノ支配内ニ移スニ於テハ、其ノ行為ハ窃盗罪ニ該当スルモノトス』（大判大一三・六・一〇刑集三・四七五）。

と判示した。蓋し、かような場合は、一時放置されある物は、固より現実的に握持・監視されてはいないが、しかも、震災当時という具体的事情に照して考えるとき、避難の事由がおさまれば所有者は直ちに現場に帰来して握持するであろうことは社会的考察上当然期待されるところだからである。同じく関東大震災直後（大正一二年九月八日）、横浜税関の保管にかかる横浜市長住町商品倉庫株式会社焼跡に所在の鉄板等を領得した事件につき、

【18】『財物ガ犯人以外ノ者ノ支配力ヲ及ボシ得ベキ場所内ニ存在シタル場合ニ於テハ、縦令其ノ財物ニ対シ監守ノ任ニ当ル者現在セザリシトスルモ、該財物ヲ目シテ他人ノ占有ヲ離脱シタル物ナリト謂フベカラズ。原判決ノ証拠説明ニ拠レバ、判示窃盗ノ場所ハ横浜税関ノ保税区域内ニ在リテ同官署ノ監守ニ属スルコト明白ナレバ、判示財物ハ横浜税関ノ実力的支配内ニ存セシモノト認ムベキハ当然ニシテ、縦令所論ノ犯罪当時ニ於テ判示財物其ノ他税関ノ保管物ニ対シ派遣セラレタル監視人ノ二名ガ死亡シ現在監守ノ任ニ当ル者ヲ欠キタリトスルモ右財物ガ遺失物ニ非ザルハ勿論、税関ノ占有ヲ離レタル物ト認ムベカラザルヤ疑ヲ容レズ』（大判大一三・三・一一刑集三・二〇三）。

とする判例がある。判旨によれば、現場は横浜税関の保税区域として当然その実力支配内に属する区域であることを直接の理由とする如くであるが、むしろ、『震災当時及其ノ後十日迄ノ事ハ判リマセヌガ、其以前ハ税関ノ者ガ同所ヲ二人出張シテ監視シテ居リマシタガ、九月十日ニ至リ二人共圧死シテ居リマシタ事ガ判リマシタ』（原審証人渡辺某供述）という特別の事情の下に本件占有を考察すべきである。同様に、今次の戦災により焼失した倉庫内在中物の占有につき、

【19】『按ズルニ倉庫ノ所有者ガ其ノ倉庫内ニ多量ノ物資ヲ収容中戦災ニ因リ該倉庫ハ焼失シタルモ其ノ焼跡ニ収容物資ガ焼残セルトキハ、該焼残物資ハ社会通念ニ照シ依然トシテ倉庫ノ所有者ノ実力的支配内ニ存在

スルモノト認ムルヲ相当トスベキヲ以テ、縦令焼残物資ガ焼跡ニ半バ散乱シ、之ニ対シ占有ノ事実ヲ表示スベキ標識、板囲、縄張等ヲ施サズ、又ハ監守ノ任ニ当ル者現在セザリシトスルモ、該焼残物資ヲ目シテ他人ノ占有ヲ離脱シタル物ナリト謂フベカラザルモノトス』（大判昭二一・九・一〇刑集二五・三一）。

としたのは、罹災者は罹災の当時先ず身一つで難を避け、次で焼残した家財の内、日常必需物資から始めて諸他の財物の回収に及ぶべきことが当然予想されるものであり、従つて本件物資も固より遺棄された物でなく、後日握持可能な状態、即ちなお事実上支配に服せる物と考えられるからである。更に、事変にではないが、一時路傍に置いた物という点で【17】に類似するものに、一時路傍に放置された賍物がある。事案は、原判決の証拠となつている被告人の供述によると、被告人は、

【20】（事実）『午前四時頃自宅で外便所に行こうとして戸を開けると外に白く見える物があつたから便所の用を済してその側に行つて見ると玄米五俵が一列に揃えて置いてあつた。そこで自分は現在の時世だから盗人でも持つて来てこんな処に置いたのかと考え届けた方が好いと思いながら辺りを見ると誰もいないので慾が出て納つておこうと思つた。誰も見ていないし人が盗んで来たのだから失敬してしまつた』というにあり、これに対し最高裁判所は、

（判旨）『原判決の認定したところに従えば、被告人は、判示の米五俵が占有を離れた他人の物であることを認識しながら、不法にこれを領得しようと決意して、自宅の蔵の内に匿い込んだというのであるから、これはまさしく刑法第二五四条の横領罪に該当する。仮りに所論のように、被告人が右の米の盗品であることを認識していたとしても、不法領得の意思を以てそれを拾得した以上、同条所定の横領罪が成立するのであつて所論のように賍物収受罪が成立するのではない。』（最判昭二三・一二・二四刑集二・一四・一八七七）。

と判示した。然し、この事案は、多分に窃盗罪でないかの疑を存するものであつて、平野助教授も『本件の事実を見ると、この米は、窃盗犯人が一時置いていたもので、まだその占有下にあり、被告

人の行為は窃盗罪を構成するのではないかの疑もある』（平野『占有離脱物たる盗品の拾得は横領罪か贓物収受罪か』刑評一〇・二七九）と疑問を挿されている。

（六）　占有につき存する特別の慣習

ここにいわゆる慣習とは、或地域・職域において累年慣行されて、占有の方法として周知の事実となつているものを指称したのである。故に、

【21】『真珠貝ハ通常海岸ノ浅所ニ天然ニ発育スルモノナルモ（所謂稚貝）、之ヲ其ノ自然ノ状態ニ委スニ於テハ冬季寒気ノ為凍死スルノ虞アルモノナルヲ以テ、真珠貝養殖業者ハ之ヲ天然ノ発生地（所謂採苗地）ヨリ採捕シ、以テ其ノ発育ニ適当ナル深度ヲ有スル海中（所謂放養場又ハ放殖場）ニ放養スルモノニシテ、而モ放殖場タル海底ハ毎年整理シテ真珠貝ノ附着ニ適セシムル様石及瓦等ヲ投置スルヲ常トスルモノナルコト明カナルヲ以テ、養殖業者ガ所有ノ意思ヲ以テ採苗地ヨリ之ヲ採捕スルニ於テハ、此ノ時ヲ以テ民法第二百三十九条ニ依リ先占ニ因リ其ノ所有権ヲ取得スルニ至リシモノト謂フベク、而シテ後日養殖ノ為更ニ之ヲ放養場ニ投入スルモ、之ガ為ニ一旦取得シタル所有権ヲ喪失スルモノニ非ザルヤ又多言ヲ要セズ』（大判昭元・一二・二五刑集五・六〇四）。

とする判例においては、稚貝を放養場に放養することが、真珠貝養殖業者仲間において一般に認められている慣習に依拠してなされた占有方法であることが窺い得る（尤も、本件において占有を認めた理由は、放養場なる特別の占有設備を介して所持する点にあると解することも出来るが、放養場をかく占有設備と認めしめるには同業者仲間に一般となつている慣習に依拠するところ多い点が考えらるべきであると思う。）。

（七）　特別の客観的事情が存在するため物の所在を意識するだけで足るとされる場合

物の所在の仕方がそれだけで排他性を具えている場合の如きは、所有者は単にその所在を意識しているだけでこの物に対する事実上支配を保持すると解される場合がある。例えば、

【22】（要旨）『日本サルヴェージ会社所有の海底に坐礁沈没した汽船の残骸で、陸岸からは全然見えず、

水面の真上からでもわずかにその暗影を認め得るにすぎない状態にあるものでも、同会社がその所有者としてこれを管理し占有するものと解すべきである。』(東京高判昭二八・四・三〇東京高時報三・五・一九二)。

としたのがこれである。右において、会社が汽船の沈没個所につき認識のあり得べきことはいうまでもない。然るに、海中に沈没せる汽船の如きは、既にそれだけで一般人の奪取に対する排他性を具えるとみることが相当であり、かかる排他性内部において所有者が事実上支配を確保するためには、単にその所在を意識し、何時でもこれに対して実力支配をなす可能性を保持しているだけで足るのである。然るに、

【23】『同人(利右衛門—筆者註)が本件紙幣を新聞紙に包み菊地幸吉の店頭に置き一旦外出し帰来之れが紛失したるを怪みて幸吉方家人に尋ねたる事実なるが故に、同人は該紙幣の存在を意識し特に幸吉方店頭に差置きたること明かにして遺失したる事実にあらざること論を俟たず。従つて該紙幣は利右衛門の占有を離脱したるものにあらず。故に同人が幸吉方店頭に引返し来りたる時間の長短は別に占有の継続に関係なきを以て原判決が「急ぎ立ち出でたる後直ちに引返し」と説示したればとて之を以て証人の供述を変更したる不法ありと云ふを得ず。』(大判大四・九・二三新聞一〇四八・九二)。

とする判決にあつては、利右衛門が引返し来りたる時間の長短は別に占有の継続に関係なしとされているのであるから、恐らくは右店頭に忘れたものと想像される右新聞紙包みの占有は専ら同人がその所在を意識していたという一点に帰せられねばならない。然る時は、上記の如き所在の仕方はなお充分に排他性を具えているものといえるであろうか。利右衛門が店主に右包みを託したわけでないから、固より店主はその所在に気づかなかつたであろうし、仮令気づいたとしても新聞紙包みの内容を知る由もないから、単に折りたたんだ新聞紙を来客が遺棄して帰つた位に思つたかも知れない。だか

ら、利右衛門が単に主観的にその所在を意識しているだけではその占有を肯定するに足らないのであつて、充分に排他性を具えると考えられる客観的事情の存在がなければならぬ。右判決には疑問がある。

（八）　特別の客観的事情が存在するため時々監視することを以て足るとされる場合

他人の放牧場に、許可なく自己占有にかかる牛を放置する場合、この放牧場自体、周囲に柵を設けるとか、見張人を置くとか等の設備を介して、第三者に対して排他性を保持するものであると解せられる。そこで、問題は、放牧場の支配者と、許可なくこれに牛を入れた者との関係に帰するわけであるが、次の判例ではやはり牧場を監視・見張りする人が別に置かれているのであるから、かく第三者に対する排他的設備を利用した内部において、許可なく牛を入れた者の時々監視する行為が自己支配の可能性と放牧場の支配者に対する排他性を獲得せしめる次第を窺わせるものである。

【24】　『本件事実ハ山形岩吉ノ妻イシガ佐藤利助ヨリ借用飼養セル赤粕毛牝牛四才一頭及ビ其子赤毛牡犢一頭ヲ大正三年五月下旬被告ニ断リナク被告ノ牧野ニ放牧シ、時々之ヲ監視シ来リシモ、其後多忙ノ為メ見廻リ兼ネタル隙ニ乗ジ、同年七月中（同月十八日以前）牧野内ニ在リシ右牛二頭ヲ窃取シタリト云フニ在リテ、犯罪ノ目的物タル牛二頭ハ被告又ハ其代人ノ承諾ヲ得ズ被告ノ牧場ニ放牧シアリタルモノナルモ、事実上イシノ支配セルモノニシテ、同人ノ所持ニ係ルヲ以テ、其見廻リヲ為サザリシ隙ニ乗ジ被告ガ之ヲ奪取シタルハ即チ窃盗ニシテ、其横領タラザルヤ論ヲ俟タ〔ず〕』（大判大四・三・一八刑録二一・三一〇上記〔1〕の事実）。

即ち、本件では、被害者の『見廻リヲ為サザリシ隙ニ乗ジ被告ガ之ヲ奪取シタ』ものであつて、多忙のため一時見廻り兼ねる時期があつても、被害者において監視を断念・放棄したわけではなく、規範的考察上は本件牛は前後継続して被害者の監視下に在つたと解してもよいのである。然らずとし

ば、加害者が『見廻リヲ為サザリシ隙ニ乗』ずる必要も存しなかつた筈である。次に、

【25】『人ノ所有物ガ何人ノ占有ニモ属セザル堂宇其他ノ場所ニ存在スル場合ト雖モ、所有者ガ之ヲ遺棄シ又ハ遺失シタルニアラズシテ、其存在ヲ意識シ之ヲ其場所ニ置キタルモノナルトキハ、其物ハ常ニ所有者ノ占有ニ属スルモノト認メ得ベキヲ以テ』（大判大三・一〇・二一刑録二〇・一九〇一）。

これを窃取する者は窃盗罪に該るとする判例においては、判文は直接監視の故を以て占有を認めた旨を明言していないが、『遺棄シ又ハ遺失シタルニアラズシテ』とする言裏には、時々香花を供えて祭祀する、即ち監視することが右の仏像を無占有物たらしめないとする趣旨を汲み取り得るものである（但し、本件ではかかる事実は直接明かにされていない）。特に、仏像は我が国の伝統的宗教観念により、仮令管理する者なき廃寺の堂宇に存置する場合においても、或いは路傍に佇立する石像であつても、いやしくも礼拝の対象として存置されあるの外観を保つ限り、世人の宗教観念上これを遺失物と認めしめないのが常態であり、かかる事情の下では時々香花をたむけて礼拝することを以て充分事実上支配が肯定されるとする趣旨であると解する。

（九）　非独立的所持

上記喜頭氏によれば、『非独立所持トハ他人ニ対シ従属的関係ニ立テルカ為メニ自己ニ属セスシテ其他人ニ属スル事実上ノ支配ヲ行使スルモノナリト社会ノ通念カ認ムル場合ニ其者ノ為ス事実上ノ支配ノ行使ヲ謂フ』ものとされ、且つかような従属的関係の生ずる場合を、雇傭関係又は之に類似の関係、監視を置きたる場合、他人の場所に物が置かれたる場合、賃貸借・使用貸借又は類似の関係、一時的所持の各場合に分類される（喜頭『非独立所持ト窃盗』志林一三・七・二三）。我々が通常占有機関乃至占有被用人と呼ぶものに

加えて、かく呼ぶにも足らない一時的所持者、例えば店頭の商品を検分するため一時手に取る者の他人所持の行使をも含めて総称するものである（なお、判例によれば、後述の上下・主従関係に立つ共同占有が行われている場合その従たる者の所持は刑法上独立の所持と認められず、主たる者の単なる占有機関としての意義を具えるにすぎぬとされているから、原理的にはこれも本項に含めて支障ないのであるが、便宜上別記することにした）。

(1)　物を現実に握持・監視する者が他人の単なる占有機関又は看守者にすぎないと看做される場合とは、裏面からいうと、その他人にとつては物を現実に握持・監視しなくてもなお刑法上占有ありと考えられる場合である。従つて、ここでの考察は、上記三の二の（三）乃至（八）の裏面的考察としてこれに還元して述べても不可はないわけであるが、敢てここに別記する所以は、両者共占有者自身によつて握持乃至監視されないという点では構造を斉しくしながら、その内部において、前者にあつては占有者の支配下に在るとみられる何人かによつて現実的握持・監視がなされているに反し、後者にあつては他の何人によつても物は握持・監視されることがないという点に構造上の差異が存するからである。だから、後者にあつては対物的支配に占有の重点があるに反し、前者にあつては対人的支配にその重点があり、これを通じて対物的支配も亦獲得されるという関係がみられる。

そこで、かような事例に属する最も通常の場合としては、店舗内の商品をめぐつて存する店主と店員の関係が挙げられる（雇傭関係）。

【26】『雇人ガ雇主ノ居宅ニ於テ雇主ノ物品ヲ販売スル場合ニ於テハ、其ノ物品ハ雇主ノ占有ニ属スルモノニシテ、雇人ノ占有ニ属スルモノニアラズ。従テ雇人ガ雇主ノ右占有ヲ侵ス場合ニハ、窃盗罪ノ成立ヲ認ムベキモノニシテ、横領罪ヲ以テ論ズベキモノニアラズ』（大判大七・二・六刑録二四・三三、同事項同趣旨、大判大三・三・六新聞九二九・二八）。

蓋し、雇人は常に雇主の包括的乃至個別的指示・支配に[illegible]

る。但し、雇傭関係の存在の故に雇人自身の独立的占有を全面的に否定する如きは、固より慎まざるべからざるところであつて、雇人が商品を託されて行商に出る場合の如きは、雇人に独立の占有を認むべきである。要するに、雇傭という一般的関係内部において、更に人と物との具体的な支配関係の実相を見きわめた上で占有の所属を決すべきである。だから、『店員ノ寝室内ニ在ル衣服ニ付テハ主婦ハ店員ノ占有被用人タルコトアルヘシ』（喜頭『非独立所持ト窃盗』志林一三・七・二四）というような場合も稀ではない。この外、雇傭関係により占有被用人だとされる場合に、主家の台所用具を用いて家事をする女中、主人の農具を用いて農耕する召使等がある（但し、上記店員の場合をも含めてこれらの場合を上下・主従関係による共同占有の存する場合だとされる学者もある。必しもこれを排するわけではないが、むしろ単純に占有被用人とか看守者とか呼ぶ方がより適切であろう。）。なお、

【27】『農業経営者ガ請負耕作農ヲシテ土地ヲ耕作セシメ居ル場合ニ於テ、該耕作地ニ於ケル落籾其ノ他耕作物ハ請負耕作農ニ於テ分配ヲ受クルマデ農業経営者ノ所有且ツ占有ニ属スト認ムベキモノトス』（大判昭四・三・一四裁判例三法五七）。

においては、請負耕作農は、その作業中自然に脱落した落籾等を自由に処分し得べき地位に在るものでなく、その雇傭契約の趣旨にかんがみ当然経営者の右落籾に対する占有被用人たるにとどまるものと解すべき趣旨である。

使用の目的・日時を限つて、他人をして自己のために物を使用せしめるとき、その他人は単なる占有被用人だとされる場合がある。例えば、

【28】『刑法ニ所謂占有ヲ認ムルニハ物ヲ現実ニ支配スルコトヲ得ル事実アルヲ以テ足リ、必シモ自ラ之ヲ握持スルノ事実アルコトヲ要セズ。特定物ノ借主ガ他人ヲシテ自己ニ代リテ借用物ヲ握持セシメタル場合ニ於

テハ、借主ハ其物ニ対スル現実ノ支配力ヲ失フモノニアラザレバ、刑法上占有者ナリト謂ハザルベカラズ。原判決ノ認定シタル事実ニ依レバ、被告ハ金谷与五郎ヨリ堅鋸二十八枚ヲ借受ケ秋田挽材共同組合ヲシテ之ヲ使用セシメタルモノニシテ、同組合ハ被告ノ為メニ代ツテ占有ヲ為シタルニ過ギザレバ、原判決ガ被告ヲ以テ該堅鋸ノ占有者ナリトシ、之ヲ不正ニ領得シタル行為ヲ横領罪ニ問擬シタルハ不法ニアラズ』（大判大三・六・六刑録二〇・一一四一）。

という判例にあつては、秋田挽材共同組合が『被告ノ為メニ代ツテ占有ヲ為シ』と判示した裏面には、当初被告人が同組合に日時を限つて木材の賃挽方を依頼したところ、同組合において堅鋸及び調帯不足のため製材方進行せざる事情を訴えたので、右与五郎より堅鋸二八枚を一日一円五〇銭にて借受け、之を同組合に使用せしめたという事情が存するのである。且つ、この事情の下においては、右堅鋸の占有は、仮令現実的握持なくとも被告人に存することが理解できるであろう。次の判例も右に準じて考えることができる。

【29】『原判決ノ認定ニ依レバ、本件窃盗ノ目的物件タル金銭ハ被告人ニ於テ被害者ヲシテ祈禱ノ為一時神前ニ供ヘシメタルモノニシテ、被告人ハ之ニ付単ニ祈禱ヲ為スニ過ギザル関係ニ在リタルモノナレバ、該金銭ニ対スル事実上ノ支配即チ所持ハ尚被告人ニ存続スルモノト解スヘ〔し〕』（大判昭四・一二・二三新聞三〇八一・五）。

食堂において来客の飲食用に供する食器、観劇のために劇場において備付けた椅子等の使用は、店主の支配下にその使用を許されているにすぎぬものであつて、固より来客において独立の所持ありというに足らない。且つ、この場合における使用時間の長短も規範的には何等重要な意味を持たないものであつて、むしろ無視して支障ない。そこで、この場合に属する判例としては、旅館において宿泊者に提供・使用せしめる蒲団・丹前・浴衣等の所持がある。

【30】『およそ旅館に宿泊

者の占有に移るものではなく、依然として旅館主人の占有に属するものと言わなければならない。従つてその蒲団を自己の支配内に移した被告人の行為は窃盗罪を構成し、横領罪を成立するものではない。』（大阪高判昭二四・九・二四特一・一〇六）。

【31】『被告人が旅館に宿泊し、普通に旅館が旅客に提供するその所有の丹前・浴衣を着、帯をしめ、下駄をはいたままの状態で外出しても、その丹前等の所持は所有者である旅館に存するものと解するを相当とする。』（最判昭三一・一・一九刑集一〇・一・八五）。

但し、これについては、

『原判決は、「右証拠によれば、被告人がその宿泊料の支払ができないため、〈ちよつと手紙を出してくる〉といつて偽り同旅館の丹前を着、下駄をはいて出たまま一週間余りも同旅館へは立帰えらず、又その間旅館へは十分その連絡ができたものと思われるのに、何等の連絡もとらずに……そのまま放置して顧みなかつたことが明らかである云々」と説示している。従つて、原判決は、本件第一審判決の判示第六の旅館新松葉における窃盗の目的物である丹前、浴衣、帯、下駄等は被告人が同旅館の承諾の下に借受けて着用したものと認定したものであること明白である。そして、かような場合には旅館に民法上の占有権は依然として存在するかも知れないが、刑法上の所持は専ら被告人に存するものと解するを相当とする。』

という斎藤悠輔裁判官の反対意見がある。

然し、この反対意見には賛成することができない。旅館側で被告人が所用のため外出することに同意したとしても、それは決して承諾の上右丹前等を貸与えた、即ち被告人にその占有を移したということを意味しない。反対に、所用が終れば帰来する日常のしきたりをたのみにして肯定される旅館主人の占有が依然存すると解すべきこと、旅客が丹前を着たまま旅館附近を散歩する場合と毫も異るところはない（なお、占有被用人は主として他人のために物を握持する場合が通例であるが、同時に自己のためにする場合を排除するわけではない。本項〔28〕〔29〕〔31〕の場合の如きこれである。）。

(2)　次に、他人をして現実に握持・監視をなさしめても、法令上当然に自己がその物を管理する職務・権限ありとされる場合には、その他人は単に自己の物の占有被用人だと解される場合がある。

【32】『村社以下神社ノ社掌ハ神明ニ奉仕シ祭祀ヲ掌リ庶務ヲ管理スルモノニシテ、当然神社ヲ代表シ神社財産ヲ管理スルノ職務権限アルモノトス。而シテ刑法ニ所謂占有アリト認ムルニハ、物ヲ現実ニ支配スルノ事実アルヲ以テ足リ、必ズシモ之ヲ握持スルノ事実アルコトヲ要スルモノニアラズ。左レハ新庄村八幡神社ノ基本財産タル原判示物件ハ協議上氏子総代ナル西村幸太郎ニ於テ之ヲ保管シタリトスルモ、右ハ社掌タル被告ノ意思ニ従ヒ所持ヲ為スモノニシテ、被告ヲ排除シテ占有ヲ為スモノニアラズ。即チ被告ハ社掌トシテ依然之ヲ管理スルノ職責ヲ有シタルモノニシテ、右物件ニ対スル支配関係ニハ何等ノ消長ナク、従テ右物件ハ被告ノ占有内ニ在リシモノナレバ、原判示ノ如ク被告ガ自己ノ金融ニ供センガ為メ西村幸太郎ヲ欺罔シテ同人ヨリ之ヲ自己ニ交付セシメタルハ、即チ其業務上占有シタル他人ノ物件ヲ自己ノモノトシテ不法ニ領得スルノ意思ヲ有シ、之ヲ外部行為ニ表現シタルモノニシテ、業務上横領罪ヲ構成スベク詐欺罪ヲ構成スルモノニアラズ』（大判大八・四・二一刑録二五・五八八）。

その法令上の根拠とするところは、府県社以下神社の神職制（明二七勅二三）、神社の財産登録及管理並に会計に関する件（明四一内務省令一二）にあり、これによれば、社掌は社司の命を承けて庶務に従事すること、神社財産は台帳に登載すること、収入支出は神職の職名を以て執行すること、収入支出は帳簿に記入し記入毎に神職検印を捺すこと等が定められている。ところで、かく法令上神社財産を保管する職務・権限を認められているという一事により、直ちに本件の如き場合にも社掌の占有に消長を来すことなしとした判旨は如何なものであろうか。本件被害物件は神社財産たる証券であったわけであるが、社掌をして保管せしめるときは他に流用・着服の虞れがあったから氏子において協議の結果、氏子総代よ西村幸太郎をして保管せしめた由である。然りとすれば、社掌にとつて右証券の保管方法は、恰も自家内金庫に在る如き全くの無障碍性を具備するものでなく、前記の如く、欺罔を以て打破せねばならぬ障碍に隔てられているものである。この際氏子総代が、自己握持にいたつた理由が協議の結果によるものであるから、これを離脱せしめるについても更めて協議に俟つと居直れば、社掌はしかく容易に証券に対する実力行使をなし得なかつた筈である。この判例は占有の内容たる事実上支配の意味を稀薄にしているきらいがあると思われる。

(3)　ところで、右とは反対に、物を現実に握持する者が、その業務上の地位にかんがみ、往々にして上司の占有機関にすぎぬと看做される外観を示しつつ、実は然らずとされる諸事例がある。だから、かような諸事例の内容を明かにすることによつて、これと対蹠的に上記諸事例の面目は一層の克明さを以て知られるにいたる筈である。先ず、

【33】『地方逓信官署雇員規定第一条ニ依レバ、郵便局ニ雇員トシテ通信事務員ヲ置キ其ノ服務ニ関シ同第十一条ヲ以テ通信事務員ハ郵便貯金其ノ他ニ関スル諸般ノ事務ニ従事スベキヲ明カニシ、更ニ同第十二条ニ於テ雇員ノ服務心得等ハ別ニ規定スルモノノ外当該局長適宜之ヲ定ムベシト規定セルヲ以テ、三等郵便局ニ於ケル通信事務員ハ局長ノ命ヲ受ケ局長ノ権限ニ属スル諸般ノ事務ニ従事スルモノナルハ疑ヲ容レザルトコロナリ。然レバ斯ル通信事務員ガ自己ノ職務トシテ貯金事務ヲ執ル以上、其ノ所為ハ刑法第二百五十三条ニ所謂業務上ノ行為ニ該当スルコト勿論ナルノミナラズ、局長ガ郵便貯金ヲ保管スベキ権限ヲ有スルコト明ナルヲ以テ、其ノ補助機関タル通信事務員ニ於テモ右業務ニ関シ取扱ヒタル郵便貯金ハ之ヲ局長ニ交付スル迄ハ自ラ之ヲ保有スベキモノト謂ハザルベカラズ。蓋シ三等郵便局長ハ分任出納官吏ニシテ金銭ノ出納ニ付全責任ヲ負モ、通信事務員ハ其ノ命ニ従ヒ事実上現金ノ出納ヲ為スモノナルコトハ所論ノ如シト雖モ、通信事務員ガ叙上ノ規定ニ基キ局長ノ権限ニ属スル諸般ノ事務ヲ担当シ其ノ職務トシテ郵便貯金ヲ取扱フ以上ハ、其ノ取扱中ノ

貯金ハ即チ業務上ノ占有ニ属スルコト当然ニシテ、単ニ会計法規上郵便局長ガ叙上現金保管ノ責任ヲ負フノ故ヲ以テ通信事務員ノ前記業務上ノ占有ヲ否認スルニ足ラザレバナリ。而シテ原判決認定事実ハ被告人ハ東京市芝区三田四国町郵便局ニ通信事務員トシテ雇ハレ為替貯金事務ニ従事中、判示期間各貯金者ヨリ受領シタル郵便貯金合計九千九十七円九十五銭ヲ横領シタリト云フニ在ルヲ以テ、以上ノ理由ニヨリ其ノ所為ガ業務上ノ横領罪ニ該当スルコト明白』（大判昭二・二・一六刑集六・四七）。

なりとした。同趣旨のものとして、

【34】『原判決ノ判示事実ニ依レバ、被告ハ愛媛県周桑郡丹原郵便局ニ通信事務員トシテ勤務中、職務上保管セル郵便切手代金三十六円ヲ擅ニ取込ミ横領シタルモノニ係リ、又郵便局ニ於テ郵便切手ヲ売捌クコトハ郵便局ノ事務ノ一部ニ属スルヲ以テ、通信事務員ハ取扱上郵便切手ヲ売捌キテ代金ヲ受領スル場合アルハ勿論ニシテ、此ノ場合ニ之ヲ郵便局長ニ引渡ス迄ハ通信事務員ノ職務上ノ保管ニ属スルモノト謂ハザルベカラズ』（大判大一一・四・七刑集一・二一四）。

がある。共に通信事務員がその握持する現金を局長に交付する迄は独立の占有をもつものとする趣旨であつて、その局長業務に対する補助機関たるの故を以て、握持にかかる現金に対する局長占有の単純な機関にあらずとした点が注目される。右によつても窺い知られる如く、単なる占有機関にすぎぬか否かの判定は、往々にして、その管掌業務の性質に由来することが多く、これが詳細な観察はいきおい業務上占有の内容闡明につながるものである。且つ、これは本稿の課題を逸脱するものとして省略する筈になつていたことは冒頭所説のとおりである。上司・下僚、主任者・補助者間における占有をめぐる関係は夫々の業務上の管掌業務を詳細に調査してはじめて確定される場合が多いのである。

(4)　最後に、店舗内の商品に対する主人の専属的占有は対雇人との関係においてのみならず、これを手にして検分する顧客との関係においても肯定さるべきことも亦論を俟たざるところであつて、この場合には顧客は占有被用人とさえ呼び得ぬものであると思う。

【35】『当時被告人は所論のように、顧客の如く装い古物商山沢金一方店舗に至り、同人に対し上衣を見せてくれと申し、同人が店の右側にかけてあつた国防色上衣を下して見せると、被告人はこれに手を通して着たところ、あんたには小さいようだというと、これ位はせわないといつたが、一寸小便に行つて来ると申しこれを着たまま表へ出て逃走したものであることが明らかであるところ本件は山沢金一が右のように上衣を被告人に交付したのは、被告人に一時見せるために過ぎないのであつて、その際は未だ山沢の上衣に対する事実上の支配は失われていないものというべく、従つて被告人が右上衣を着たまま表へ出て逃走したのは即ち同人の右事実上の支配を侵害しこれを奪取したものに外ならないと認むべきものである。従つて原判決が被告人の右の所為を以て窃盗罪に問擬したのは正当であり、これを以て横領又は詐欺罪であるというのは当らない。』（広島高判昭三〇・九・六刑集八・八・一〇二一）。

三　鎖鑰・封緘容器在中物の占有

『他人が或る財物の容器を封緘その他の方法を用ゐて閉鎖し、若くは或る財物に包装、掛縄その他の方法を施した上、これが保管又は運搬を託した場合に於て、受託者が在中物の一部を領得したときには、その行為はこれを窃盗とすべきか又は横領とすべきかについて議論がある』。但し、かような場合については『実際問題として容器包装等の具体的の性質を吟味することが必要である。即ち風呂敷包の如きものは単純な容器であつて支配を意味しない。しかし米俵、石炭叺の如きものは容器であると同時に支配を意味する』（宮本・大綱三五四〜三五五頁）。

（一）　判例はかような場合につき、容器の占有は受託者に在るが、在中物の占有は寄託者に在ると

している。例えば、封印附の行嚢を逓送すべく受取った被告人が、擅に在中郵便物を抜取った事件につき、

【36】『金品在中ノ容器ニ鎖鑰又ハ封印ヲ施シ之ヲ寄託スルトキハ、容器ノ占有ハ受託者ニ移ルモ、寄託者ハ依然トシテ在中ノ金品ノ上ニ現実支配力ヲ有シ、受託者ハ之ヲ有セザルヲ以テ、受託者ガ該容器ヲ取出シ、之ヲ自己ノ支配力内ニ移ス所為ハ、窃盗罪ニシテ横領罪ニ非ズ』（大判明四四・一二・一五刑録一七・二一九二）。

と判示し、また、

【37】（事実）『郵便集配人トシテ本件信書ヲ配達スルニ当リ為替証書ノ封入アルヲ察知シ悪意ヲ起シ、擅ニ之ヲ開披シテ在中ノ小為替証書ヲ取出シタル』事件につき、
（判旨）『郵便集配人ハ其配達中ニ係ル郵便物自体ニ付テハ事実上支配アリト謂ヒ得ベキモ、封入ノ物件ハ依然他人ノ占有内ニ存シ自己ガ自由ニ処分シ得ベキ状態ニ在ラザルヲ以テ、其物件ヲ奪取シタル所為ハ、横領罪ニ非ズシテ窃盗罪ヲ構成スベキモノトス』（大判明四五・四・二六刑録一八・五三七）。

と判示している如きである。而して、受託者が在中物ぐるみ容器を占有しているにかかわらず、その在中物に関する限り占有なしとする理由については、

【38】『鎖鑰ヲ施セル容器内若クハ封緘ヲ為セル包裹内ニ存在セル他人ノ物ハ、容器若クハ包裹ノ占有者ガ自由ニ支配シ得ル状態ニ在ラザルヲ以テ、其占有ハ依然所有者ニ存スルモノト謂ハザルベカラズ』（大判大二・三・一七刑録一九・三五二）。

とし、また他人から預った衣類在中の錠前を施した支那鞄につき、

【39】『其ノ在中ノ物品ハ箇箇別別ニ特定シテ之ヲ寄託シタルモノト見ルベカラザルガ故ニ、其物品ノ占有ハ猶ホ依然トシテ委託者ニ在リテ未ダ受託者ニ帰セザルモノト謂ハザルヲ得ズ』（大判明四一・一一・九刑録一四・一〇二六）。

と判示した。この外、この種の判例としては、鎖鑰を施しある倉庫の番人は在庫品の占有者に非ずとするもの（大判大一二・一一・九刑集二・七八〇、なお本件においては倉庫の番人は錠をもつているにもかかわらず倉庫の看守者にすぎぬとされた。然るに、倉方が鍵を所持して自由に倉庫を開閉し得るか否かにより同倉方が在庫品に対する所持者か否かが決せられるとしたのは大判大六・八・二七新聞一三一四・三二。鍵を所持していたか否かという如き形式的考察により在庫品の占有の帰属が決せらるべきではない）、封印を施した上運送業者に委託した荷物を為す個々の物件は依然荷主の占有に在るとするもの（大判大五・一一・一〇刑録二二・一七三五）、蓋に封印ある船艙中の重油は船長の占有に属せずとするもの（大判昭一四・五・二五刑集一八・二九九）等枚挙にいとまがない。

そして、右の諸判例の理由とするところは、要するに『ビンディングの語を藉りて云えば、「受寄物の内容と受託者の意思、との間に寄託者が鎖鑰なる障壁を設けたことになる」と解するからである』（草野「重油運送船船長の横領罪と窃盗罪」刑事判例研究五・一六四）。

我が学説上、これと同説なのは木村教授であつて、同教授によれば、在中物の占有が依然寄託者から喪われていないとみられる理由を『支配の可能は、物の支配の可能の手段が保存せられる限り、失はれたりと為し得ざるが故に』（木村・各論一二〇頁）という点に求められる。

（二）　これに対し、容器・在中物共に寄託者の占有にありとされるのが小野博士であつて、『これは寧ろ郵便集配人又は運送業者が現に封書又は荷物を所持するに拘らず、其の「占有」（管理）は全部的に委託者にあるがためではあるまいか。だから内部の物を抜き取るだけでなく、その封書又は荷物の全部を領得しても窃盗罪であらうと思ふのである』（小野・各論二三九頁、なお後述（六）を参照）とされる。

（三）　次に、宮本博士は、在中物についてては寄託者と受託者との共同占有の関係ありとして『斯やうな場合は、厳密にいへば、凡べて在中物に対しては同時に他人の直接所持と自己の間接所持との共同所持が成立する場合である。従つてこれに対する領得は自己の所持の関係に於ては横領であり、他人の所持の関係に於ては窃盗であつて、この二個の性質が法条競合の関係に於て備はるのである』（宮本・大綱三五五頁、同説、泉二・各論六九〇頁）とせられる。

（四）　滝川博士が『例えば、鍵のかかつているトランクを他人に預けた場合に、トランクについては共同支配が成立する。預けられた者が鍵を無効にして、トランクから財物を取出すことは窃盗罪になる。トランクと中味とを一しよに処分した場合は、窃盗罪が横領罪を含んで成立する』（滝川・各論一二七〜一二八頁）とされるのは、在中物の占有は寄託者に専属し、容器についてのみ受託者との間に共同占有が存するとされる趣旨であろうか。或いは、『トランクについては共同支配が成立する』とされるにかかわらず、右の宮本博士と同趣旨のものと解すべきであろうか。

（五）　ところが、以上とは全く異り、容器・在中物共受託者の単独所持に属すべきものと説かれるのは牧野博士であつて、『若しその封印附の容器がそのまま全部として領得せられるならば、それは委託物を横領したことになるのではあるまいか。そうすれば、その在中の個々の物件も亦委託物として委託を受けた者の所持に属するので、これを領得することは、やはり、これ亦横領として論ずべきである、と考えるのである』（牧野・各論下六二八頁）とされる。そして、その理由は『凡そ物の全体を支配する者は其一部を支配することは、極めて明である。故に封書の発送を託せられて之を占有する者は、其内部に存する為替券をも占有すべく、鎖鑰を施したる金庫の運送を託せられ之を占有する者は、其内部に存する金銭を占有して居る筈である。（中略）封書の占有者は、何時と雖も封筒を裂いて為替券を取出すことが出来るし、金庫の占有者は、何時と雖も扉を破壊し又は合鍵を利用して金銭を取出すことが出来るから、此等の人人は寧ろ其占有物の内部の物を自由に支配し得る状態に在ると云ふのが正当である』（薬師寺『郵便局の取扱中に係る郵便物の内部に在る物件の占有』新報三一・二・七三）とするところに在るのでもあろう。同様に、草野教授も『オルスハウゼンも説いて居る如く、委託者が容器の鍵を自己の手中に保留して居たとしても、保管者の同意なくしては容器に接近することすら出来ないやうな場合には、矢張、委託者の容器在中物に対する事実上の支配は存しないと見るのが至当ではあるまいか』とされた上、『以上説き来つたやうな意味に於て、私は、受託者が、容器の封印又は鑰鎖を損壊して在中物を領得した如き場合に、窃盗罪の成立を認むる通説を排して、横領罪の成立を認むる少数説に従ふの正当なるを信ずる者である』（草野『重油運送船船長の横領罪と窃盗罪』刑事判例研究五・一六四）とされる。

（六）　この間にあつて、封印の存否という如き形式的考察にこだわることなく、在中物をも含めた容器全体につき事実的支配の関係ありや否やを具体的に決すべき旨を説かれるのは植松教授であつて、『ここで注視せらるべきは封印の有無といふが如き物の性状自体ではなく、行為者の対物的地位である。封印が問題にされるのも畢竟この対物的地位を窺ふべき標識としてに過ぎないから、封印自体に拘はるのは本末顚倒である』（植松『受託物の封印の有無と窃盗横領の限界』刑評二・一三四）とされる。小野博士が『畢竟占有の有無が問題なので、上下主従とか封印の有無とかはいづれもその占有の有無を判断する象徴たるにすぎないと思ふ』（小野『窃盗と横領との限界点としての「占有」』刑評三・三七四）とされるのも同旨のものである。

判例理論がますます自己深化を重ねて行くときは、上記雇傭者・被傭者の関係において、雇傭者・被傭者なる形式的地位が何人に占有を認めしめるかにあずかつて決定的な要素をなすことなく、具体的事実に照して決定せらるべき動向を示しているように、ここでも、鎖鑰・封印の有無という如き形式的標準にかかわることなく、単にこれに右記象徴的意味を認めるにとどまり、進んで受託者（従つてまた寄託者）の受託物に対する支配力が如何なる範域に及んでいるかによつて決せられるにいたることが期待される。

四　共同占有

数人共同して財物を占有する場合、その数人が物の占有に関して対等の関係に立つ場合と上下・主従の関係に立つ場合との別がある。

（一）対等的共同占有

例えば、二種の鍵を使用してはじめて開扉可能な倉庫の鍵各一種宛を甲・乙二人が各別に所持する場合においては、倉庫内在中物は甲・乙何れの一人によつても専属的に占有せられず、却つて甲・乙対等の地位において共同占有されているといえる（泉二『物ノ所持』新報一六・一一・一三）。

(1)　判例はこの場合、対等関係に立つ一人が他の者の同意を得ることなく共同占有にかかる物を自己の単独占有に移す時は窃盗罪になるとし、学説も亦概ねこれと同意見である。即ち、銀行の支配人心得が、頭取及び常務取締役と共同保管中の有価証券を自己単独の所持に移した事件につき、

【40】『数人共同シテ他人ノ財物ヲ保管スル場合ニ於テ、共同保管者ノ一人ガ他ノ保管者ノ同意ヲ得ルコトナク不正ニ之ヲ自己ニ領得スルノ意思ヲ以テ該財物ヲ共同保管ノ状態ヨリ自己単独ノ占有ニ移付シタルトキハ、即チ他ノ保管者ノ占有ヲ侵害シテ他人ノ財物ヲ自己ノ支配内ニ移シ不法ニ領得シタルモノニ外ナラザレバ、其所為窃盗罪ヲ構成スルコト疑ヲ容レズ』（大判大八・四・五刑録二五・四九三）。

と判示した。次に、やや変つた事案として、被告人は黒川某と賭博をなした際、その賭金として一〇円札を以て二〇円宛を出し合わせ、右二〇円を何れか一方が全部負け終る迄勝負する約束で、谷こ

『虫』と称する賭博を始め、二人の賭金四〇円即ち一〇円札四枚は丸い茶壺様のものに入れて部屋の鴨居の上に置き、勝負を為したる結果、被告人は二〇円全部負かされたが、相手が便所に行つた間に前記壺様の容器中から一〇円札三枚を取り出して自宅に帰つて仕舞つた、というのがある。これに対し大審院は、

【41】『被告人等ガ互ニ出金セシ各十円札二枚宛四十円ハ前容器中ニ蔵シタル時ニ混和シ、且原物ハ主従ノ区別ナカリシニヨリ被告人ハ黒川ト共ニ出金ノ割合ニ応ジ十円札四枚ヲ共有スルニ立到リ事実上共同保管ト為リタルモノナルガ故ニ、右共同保管ノ合意ハ法律上無効ナリトスルモ、事実上共同保管ニ係ル該四十円ヨリ窃ニ十円札三枚ヲ抜キ取リタル被告人ノ本件所為ハ正ニ窃盗ノ成立ヲ見ルコト一点容疑ノ余地ナシ』（大判昭一三・八・三 刑集一七・六二四）。

として、右と同趣旨の判示をなした。但し、これに対しては、『本件に付き考へるならば、被告人と相手方は二十円宛を出金して之を茶壺様の容器に入れて部屋の鴨居の上に置いて勝負を争い、被告人は全部負けて仕舞つたのであるから、被告人は賭金に対する持分を喪失したと認むべきではあるまいかと考へる。かく考へなければ、勝者たる相手方が被告人の意に反して賭金を持ち帰ることも窃盗罪を構成すると謂はねばならなくなるのではなかろうか。（中略）私は本件に於ては賭金が既に相手方の所有に属し、相手方の単独の保管に帰したものと認定すべきではなかつたかと思う』（出射『事実上の共同保管に係る共有賭金の不法領得と窃盗罪』刑評一・三〇二）とする批判がある。右の事例において、共同占有を認めしめる有力な契機として財物の共有が前提されている以上、既に共有関係の消失した本件財物の占有は勝者たる黒川に専属すべきものであつて、固より妥当な批判である。然し、この批判も、共同占有関係の存在を一般に否認し、或いは共同保管物を単独所持に移すことを窃盗と認める見解を否認する一般論として主張されていないこ

とはいうまでもない。そして、右の如き判例の趣旨は最高裁判所によつても継承・維持されて現在にいたつている。例えば、昭和電工株式会社鹿瀬工場倉庫課精品係石炭窒素主任として、責任者である同係長の指揮に従い、石炭窒素の受入・払出・保管等を担当していた被告人が、擅に他に売却する意図のもとに、同工場倉庫内より、同工場倉庫課精品係長の占有下にある石炭窒素を情を知らない従業員に命じ他所に輸送する目的で貨車に積載せしめて領得した事件につき、

【42】『原審挙示の証拠によれば少くとも判示係長も占有を有して居たことが認められる。共同占有の場合、共同占有者の占有を奪つて自己単独に移す行為は窃盗を以て目すべきこと大審院以来判例の認める処で其の解釈は正当である。』(最判昭二五・六・九刑集四・六・九二八)。

とする如きである。

(2)　上記の如く、通説も亦判例と同意見であるが、この間にあつて小野博士のみ独り異見を示されている。即ち、『まづ甲・乙二人が対等の関係において一箇の物を所持する場合に、その各々が「占有」者なのではあるまいか(この場合だけが正に「共同」占有と謂ふべきであらう。)。然るに何故に此の場合に窃盗罪であつて横領罪ではないのであらう。少くともそれを窃盗罪として論ずると同一の権利をもつて横領罪としても論ぜられる筈である。これは恐らく横領罪と窃盗罪との法条競合と見るべき場合で(観念的競合ではない。)、私は此の頃寧ろ横領罪の成立を認める方が事態に適合した解釈ではないかと考へてゐる』(小野『窃盗と横領との限界点としての「占有」』刑評三・三七四)と。近くこの立場を支持されるものに西山富夫氏がある(西山『共同占有と窃盗罪』名法四・一・一八)。但し、両家とも物に対する数人の共同占有自体を否認されていないことは明かである。

(二)　上下・主従の関係による共同占有

この場合、刑法上の占有を主従両者に認める見解と、主たる者の単独占有のみを認め、正確にはいわゆる『共同占有』でないとする考え方とが対立する。

(1)　判例は右の内、後者に属する。即ち、曰く、

【43】『按ズルニ物ニ対スル事実上ノ支配ガ数人ニ依リテ行ハルル場合ニ於テ、其ノ数人ノ支配ガ対等ノ関係ニ在ルコトナク上下主従ノ関係ヲ有スルニ過ギザル場合ニ於テハ、従タル物ノ支配者ハ刑法上ノ占有ヲ有スルモノニ非ズ。従テ斯ル者ガ主タル支配ヲ排斥シテ、物ニ対スル独占的ノ支配ヲ為ストキハ窃盗罪ヲ構成スルモノト謂ハザルベカラズ。而シテ郵便局ニ雇ハレ、局長指揮監督ノ下ニ他ノ郵便局ヨリ同郵便局宛ニ郵送セラレタル赤行嚢ヲ開披シテ、在中ノ郵便物ヲ整理スル事務ニ従事スル通信事務員ハ、其ノ整理中ノ郵便物ニ対シ事実上ノ支配力ヲ有スルコトハ疑ナキトコロナルモ、郵便物ニ付テハ同時ニ郵便局長ノ事実上ノ支配存スルガ故ニ、右通信事務員ノ支配ハ畢竟局長ノ指揮監督ノ下ニ為サルル従属的支配ニ過ギザルモノトス。従テ通信事務員ガ局長ノ隙ニ乗ジ右整理中ノ赤行嚢在中ノ郵便物ヲ奪取シ、自己ノ独占的支配ニ置クトキハ即チ窃盗罪ヲ構成スルモノニシテ、所論ノ如ク業務上ノ横領罪ヲ構成スルモノニアラズ』（大判昭一五・一一・二七刑集一九・八二〇）。

同旨のものが、工場備品たる手提金庫（夜間は同工場応接室に設置の大金庫の中に保管しておくことになっていた。）を昼間業務上使用する者と工場長との関係について（大阪高判昭二四・一二・五特四・三）、自動車運転用ガソリンを毎日の走行里程により必要量だけチケットと引換に受取り、帰宅の際はその日の使用報告書を提出すると同時に残量を返還していた被傭運転手と雇傭占領軍との関係について（福岡高判昭二五・四・二八特九・一一四、同事項同旨、東京高判昭二七・一〇・七判タ二五・五一）、倉庫番と会社の業務執行社員との関係について（大判大一二・一一・九刑集二・七七八）、国鉄職員たる倉庫手と保管責任者たる工事区長との関係について（東京高判昭二七・五・三一刑集五・五・九一三）等累次のものがある。而して、従たる者の地位を一層明かに説いて、単なる占有機関にすぎざるものとするのに、

【44】『数人ガ他人ノ物ニ対シ事実上ノ支配ヲ為ス場合、其ノ数人ノ支配ガ対等ノ関係ニ在ルコトナク一ハ主タル占有者地位ニ於テ行ハレ、其ノ指揮監督ノ下ニ従属的地位ニ於テ機械的補助者トシテ事実上ノ支配ヲ為スニ過ギザルトキハ、該機械的補助者ハ主タル占有者ノ占有機関トシテ物ニ対スル独立ノ占有ヲ有セザルモノトス。而シテ斯カル占有機関ガ主タル占有者ノ物ニ対スル支配ヲ排除シテ独占的支配ヲ為スニ至ルトキハ窃盗罪ヲ構成スルモノト解スルヲ相当トス』（大判昭二一・一一・二六刑集二五・五〇）。

というのがある。事案は、農業会長保管にかかる政府管理米及び食糧営団所有の精米を、同会長指揮監督下にその補助者としてこれが保管入出庫に関する書面上の事務に従事する農業会書記にして倉庫係であつた被告人がこれを窃取したという事件であつた。

(2)　学説上、従たる者の刑法上独立の占有を否認されるのは先ず小野博士であつて、上記判例【43】の評釈において、『上下主従の関係における共同所持とされてゐる場合の如きは、私はその主たる所持者のみが占有者で、従たる所持者は占有者ではなく、単なる所持者ないし看守者たるに過ぎないと解するのである。共同「所持」ではあつても共同「占有」ではない。だから従たる所持者のみが窃盗犯人たり得ることは、当然である』（小野『窃盗と横領との限界点として「占有」』刑評三・三七四）といわれている。福田助教授が判例【44】に関し、『このような地位にある倉庫係書記には、横領罪の対象としての特別の保護に値するような信頼関係は成立しているとは言えないから、被告人が該米を現実に支配していたとしても、それを占有していたとは言えず従つて被告人を窃盗罪として処断した判旨は正当である』（福田『倉庫係の在倉米領得と窃盗罪の成立』刑評七・七六）とされるのも同旨のものと考えてよいであろう。木村教授も亦『主従関係の者の間に在つては、所持は主たる者に専属すると解せられる』（木村・各論一二〇頁）とされている。

(3)　これに対し、従たる所持者もやはり刑法上の占有者であつて、かく重畳的に存する占有を自己にのみ独占的に移す行為が窃盗とされるにつき右の対等的共同占有の場合と異るところはないとする見解がある。先ず、牧野博士が、右の判例【43】に関する批判として、『この判例が、従たる地位に在るの故を以つてその者に所持を認めないように説明しているのは、妥当でないと考える。その者も従たる地位において所持を保有しつつ、主たる地位に在る所持者の所持を侵害したことになるのである』(牧野・各論下五六七頁)とされるのはこの趣旨を明かにされたものである。泉二博士(各論六八三〜六八四頁)や宮本博士(大綱三三七頁)もかような考え方を前提とされているように見受けられる。また、草野教授も、倉庫責任者の指揮監督下にその機械的補助者として同人保管にかかる寄託玄米の入出庫に従事する倉庫仲仕がこれを窃取した事件に対する判例(大判昭一二・三・一〇刑集一六・二九〇)の批判の中で、『而して仮りに倉庫番が鍵を預つて居るやうな関係上、同人に在庫品に対する所持がありとしても、その所持は泉二博士等の所謂従たる所持であるが故に、従たる所持者が主たる所持を侵す意味に於て、窃盗罪の成立を免れぬことになるであらう』(草野『共同保管の侵害と窃盗』刑事判例研究四・一九七)とされ、同陣営に属せられることが窺われるのである。

(4)　然るに、この点に関し、右の小野博士等の見解と最も対蹠的立場から牧野博士等と所見を同一にされる者に中野判事がある。同判事は、先ず、現実的握持又は監視がなくとも、現実的支配の可能性を保持する者にも刑法上占有を認めてよいとされた後、『が、それと同時に、他人のために物を握持し又は監視している者についても、その者が現実にその物に対し力を及ぼすことの可能な状態にいる限り、やはり占有という関係を認めて少しも差支えないのではなかろうか。(中略)そうだとすれば、主従の二重占有ということは、やはり認めなければならない場合があるのである。これに反し、かかる場合従たる占有の成立を全然否定する立場は、占有の内容たる「事実上の支配」という観念をさらに抽象的なものとして考える立場に帰着する。しかしながら、わたくしは、これに対しては、刑法の占有があくまで事実的な概念であることからして、いささかその過度の抽象化にあらざるかを疑うものである』と説かれ、更に、共同占有者中、一者が他の者の占有を排して独占的占有を得た場合、その一者の該占有物に対する事実上支配の強弱により或いは横領罪となり或いは窃盗罪になるとするベーリングの所説を引用・批判して、『もともと、かかる共同占有関係においては、上級者は下級者の占有を通じて自己の占有を成立せしめているのであり、その上下の占有相互の強弱を比較すること自体不可能なのではないであろうか。わたくしは、それよりも、かかる共同占有においては、下級者の領得行為はまさしくある意味で上級者の占有を侵害するものではあるけれども、それはいわば複合的な占有の内部関係における侵害なのであつて、外部よりする占有侵害ではなく、その本質において主占有者に対する背任的性格を主とするものである点からして、これを窃盗罪ではなく横領罪に問擬すべきだという説が成り立ちはしないかと考えるものである』(中野『貨物列車の積載荷物を車掌が領得する行為』刑評九・二三九、同警研二一・六・六五)とされる。なお、右は、貨物列車乗務車掌の積載貨物に対する占有関係を論じた判例(最判昭二三・七・二七刑集二・九・一〇〇四、この判例は大判大一四・七・四刑集四・四七九を明かに引用してこれに準用すべき旨を述べている。)の評釈において説かれているもので、判旨では車掌と共に直接鉄道省機関において共同占有する貨物を独占的に自己占有に移した車掌を窃盗を以て論じているに対し、中野判事は、『実際の問題としては、輸送中の荷物については車掌の上司は実力をこれに及ぼす余地はなく、従つて刑法上の占有はないと見るほうが妥当なのではあるまいか』とされている。但し、右中野判事が問題とされたと同一の判例につき、福田助教授も別の立場から、『

荷主と運輸省（現在は国有鉄道）との間の運送契約によつて、運輸省が運送保管すべきものであつて、運輸省がその一定の設備、組織の下に、貨物列車の車掌にその業務を分担させるものであつて、車掌は輸送業務の一部を機械的に分担しているに過ぎないものと思われるから、車掌が事実上その荷物を支配していたとしても、その車掌と運輸省乃至荷主との間には、横領罪の基礎として特別の保護に値するような信頼関係は存在せず、従つて車掌はその荷物を占有しているとはいえない』（福田『貨物列車の車掌がその列車積載荷物を領得した行為と窃盗罪』判研二・六・四七）として全く相対立する結論を示されている。

この問題に関しては、私も右小野博士の説かれるように、上下・主従関係による共同占有は固有の意味における共同占有と解すべきでなく、いずれか一方による専属的占有があると考える。但し、その専属的占有が常に業務上の上位者にのみあつて、現業に服して物を現実に握持する者にはないと決定することは形式的考察であつて、この場合にも物に対する事実上の支配関係を具体的に決定した上でその占有の帰趨を定めるべきであると思う。

五　預金乃至寄託倉荷の占有

横領罪においては、例えば、金銭の銀行預入という形式においても、この金銭に対する占有が認められている。判例に曰く、

【45】『刑法ニ所謂占有アリト認ムルニハ、物ヲ現実ニ支配スルノ事実アレバ則チ足ルモノトス。原判決第三事実認定ニ依レバ、被告静一ハ小山田村長トシテ其保管スル同村基本財産タル判示金員、換言スレバ現ニ被告ノ支配内ニ存セル右公金ヲ判示銀行ニ預ケ入レタル事実アリト雖モ、右事実ハ被告ノ前示公金ノ保管者タル地位ニ変動ヲ生ゼシムルモノニアラザレバ、従テ被告ノ右公金ニ対スル支配関係ニ毫モ消長アルコトナク、即チ該公金ハ其預入後ト雖モ、依然被告ノ支配内ニ存セシモノナルヲ以テ、右金員ハ刑法第二百五十三条ニ所謂自己

ノ占有スル他人ノ物ニ該当スルモノトス。故ニ苟クモ原判決認定ノ如ク被告ニ於テ右銀行ヨリ該金員ヲ引出シ以テ之ヲ横領シタル事実アル以上ハ、右ハ前記法条ノ横領罪ヲ構成スルコト亦論ヲ俟タズ』（大判大元・一〇・八刑録一八・一二三五）。同事項同趣旨のものとして大判大八・九・一三刑録二五・九七九、株式会社の取締役が職務上保管せる銀行預金について同趣旨のものとして大判大四・四・九刑録二一・四五七がある。

そこで、宮本博士はこの理由を説明して、『横領罪にあつては占有の重要性はその排他力に在るのでなくして、濫用の虞のある支配力に在るのであるから、事実的支配のみならず法律的支配でもまた妨げがない。従つて例へば他人の物権的証券の占有者は証券その者の占有者であると同時に、証券面に示された特定物の占有者でもあつて、証券の横領は同時に特定物の横領である』（宮本・大綱三八三頁）とされる。右に博士が法律的支配とされるところは、小野博士によれば、『其はなほ結局事実的支配の概念の適用の範囲を出るものではない』（小野・各論二六八頁）とせられ、また牧野博士によれば、『預金という債権関係が刑法上占有というのに属するものとせられ』（牧野・各論下七八三頁）るのである。

同様の理由から、判例は、倉荷証券の所持人は寄託物の占有者であるとして、

【46】『倉荷証券ノ所持人ハ寄託物ヲ任意ニ処分シ得ベキ地位ニ在ルヲ以テ、刑法上ニ於テハ其寄託物ノ占有者ト認ムベキモノニシテ、原判旨ニ依レバ、被告ハ判示蕎麦十俵ノ寄託物ニ対スル倉荷証券ヲ工藤峯吉ヨリ借受ケ所持シタルモノナレバ、該寄託物ノ占有者ナリト解スベキモノナルヲ以テ、被告ガ該証券ヲ擅ニ利用シテ判示物件ヲ売却シタル所為ハ、包括的ニ相合シテ一箇ノ横領罪ヲ構成スルモノト解セザルベカラズ』（大判大七・一〇・一九刑録二四・一二七六）。

と判示した。

六 死後の占有

死者が生前所持していた財物は、これに対して新たに事実上支配をなす者が存するに到る迄は占有離脱物であると解されるのが原則である。蓋し、死者は、法律上は固より、事実上も物を支配する能力を喪つていると解されるからである。されば、関東大震災の直後、

【47】『旧陸軍被服本廠焼跡ニ於テ大火災ノ為無数ニ散在セル焼死者ノ間ヨリ占有ヲ離レタル他人所有ノ現金合計約二円五十銭ヲ擅ニ自己領得ノ意思ヲ以テ拾得シタル』（大判大一三・三・二八 新聞二二四七・二二）。

被告人を占有離脱物横領罪を以て罰した判例はこの趣旨のものなること明かである。

然るに、強盗犯人が被害者を殺害した上で、既に無抵抗のままに横たわつている死体に附着せる財物を持ち去る場合、その財産罪に触れる限りの行為を以て占有離脱物横領罪とすることは著しく世人の正義感情に背く処断であることは否定出来ない。そこで、大審院は、古く、被殺者が生前所持していた財物は、被殺後直ちに相続人の占有に移ると述べて曰く、

【48】『原院認定ノ事実ニ依レバ、被告ハ被害者和三郎ノ所持スル金円ヲ強奪セント欲シ、其頭部胸部等ヲ殴打シ之ヲ殺害シタル上其所持セシ金品ヲ横奪シタルモノナリ。抑モ強盗殺人罪ハ財物ヲ強取スルノ目的ヲ以テ人ヲ殺シタルニ因リテ成立シ、財物ヲ得ルト否ハ犯罪構成ニ影響ナキノミナラズ、相続人ナルモノハ相続ノ開始ト同時ニ被相続人ノ有セシ権利義務ヲ承継スルハ勿論、仮令相続開始ノ事実ヲ知ラザル場合ト雖モ被相続人ガ死亡ノ時ニ於テ占有セシ物件ノ占有ハ法律上当然之ヲ承継スルモノトス。然レバ本件ニ於テハ被告ガ和三郎ノ死亡ニ因リ其相続人ニ於テ占有ヲ承継セル金品ヲ奪取スル事実ノアリ得ベキコト勿論ニシテ、前顕被告ノ所為ガ遺失物拾得ノ所為ニ該当セザルヤ多弁ヲ要セズ』（大判明三九・四・一六 刑録一二・四七二）。

これに対する原審上告趣意は、被害物件は被殺後直ちに相続人により相続されるが（従つて『無主物』

でない）、相続人がこの物件を現実に獲得せざる間は何人の所持にも属するものでないとし、従つて、相続人による被害物件の刑法上占有をも否定した点は正しかつたと思われる。然らば、果してかような物件は、理論上竟に占有離脱物として放置されるの外なきものであろうか。

そこで、大審院は、

【49】『原判決ノ認定セル如ク、被告ガ他人ヲ殺害シテ其財物ヲ強取セント企図シ其目的ヲ遂行シタル場合ニ於テ財物ヲ領得シタル行為ガ被害者ノ死後ニ在ルモ、右財物ハ所有者ノ意思ニ因ラズ誤ツテ其ノ占有ヲ離レタル物件ニ非ザルハ勿論ナルヲ以テ、遺失物領得ノ罪ヲ構成スル理由ナク、強盗殺人ノ一罪中ニ包含処罰セラルベキモノトス。蓋シ財物強取ノ手段タル暴行ニ因リテ他人ヲ死ニ致シ其ノ占有ニ係ル財物ヲ自己ニ領得セル行為ハ、当然強盗殺人罪ノ観念中ニ属スレバナリ』（大判大二・一〇・二一刑録一九・九八四）。

として、その占有離脱物たらざる所以を専ら『所有者ノ意思ニ因ラズ誤ツテ其ノ占有ヲ離レタル物件ニ非ザル』点に求めることとした。然し、財物強取の意思をもつて人を殺害し、殺害後物を奪う行為をなお他人占有物の奪取なりと解する理論的根拠は、次の宮本博士の説明につきるように思われる。同博士によれば、『しかし予は斯やうな点が問題となるのは畢竟強盗罪が本位的一罪であることを顧みない結果のやうに考へる。即ち強盗の意義を明かにする為めに一応これを分析して手段と盗取との二つとするのは妨げがない。しかし強盗罪を一罪として類型的に観察する場合に於ては、手段の著手即ち強盗罪の著手であるから、それ以外に別に盗取の着手といふが如き考察を為すべきものではない。要は強盗罪に在つては財物は強盗罪の著手の際に被害者の所持内にあれば足るのであつて、その後まで所持が継続することは必要ではないのである。この関係は恰も騙取罪に於て被害者の処分行為と犯人の領得行為との間に時間的間隔があつても差支ないのと同じである。[illegible]

方に対して一定の時期までに一定の地点に一定の金員を持参して置けといふ手紙を発送して置いて、後に自らその地点に至つて予め差置いてあつた金員を手に入れるやうな場合がそれである』（宮本・大綱三六三—三六四頁）とされる。

それでは、当初財物領得の意思がなく、殺害後被殺者のふところから半ば外に出ている財布をみて急に慾心を起し、既に相手が死亡しているのを奇貨としてこれを領得した如き場合は如何であろうか。固より、この場合は最初の襲撃が殺人強盗の著手ではないから、右宮本博士の理論は適用できない。以下の判例はこの種の事案に関するものである。

【50】（事実）　被告人は渡辺忠治外数名と共に賭博をなしその所持金の大半を失いたるところ、第一、同日夕刻頃、共に茶屋某に立寄り飲酒し、忠治と共に帰途につき、酔歩蹣跚として帰路に向う途中、『被告人ハ賭博ニ負ケ既ニ所持金モ僅少トナリタルヲ想起シ、忠治ニ対シ「小遣ヲ呉レ」ト申シ向ケ、同人ヨリ、素気ナク拒絶セラレタルモ、酔余執拗ニ再三之ヲ繰返シ居タルニ、同人ヨリ突飛バサレタルヲ以テ激昂シ、手ニテ同人ノ頭部ヲ殴打シ、同人ガ逃ゲ出スヤ之ヲ追跡シ、或ハ同人ヲシテ躓倒セシメ、或ハ同人ノ外套ヲ捉ヘ、又ハ互ニ掴合ヒテ同人ノ顔面ヲ引掻ク等ノ暴行ヲ続ケ、同町大字島名地籍田圃内ノ用水堀ノ暗渠上ニ差シ蒐リタル際、被告人ハ手ヲ差出シテ同人ヲ捕ヘントシツツ同人ニ向ヒテ進ミ行キ、渡辺忠治ハ被告ニ捕ヘラレザラントシテ手ニテ被告人ノ手ヲ払ヒ除ケナガラ被告人ニ対シタル儘後退セル為メ、足ヲ踏ミ外シ該用水堀ニ顛落シタルガ、被告人ハ以上ノ如キ諸種ノ暴行ニ因リ、生前心臓肥大、僧帽弁閉鎖不全、大動脈石灰沈著等ノ血液循環系統ニ疾患アリタル右忠治ヲシテ其場ニ於テ心臓麻痺ヲ惹起セシメテ死ニ致シ、第二、渡辺忠治ヲシテ右ノ如ク用水堀ニ顛落死亡セシメタル直後同用水堀内ニ於テ右忠治ガ所持シ居リタリシ現金三円八十六銭在中ノ財布一個ヲ窃取シタルモノナリ』というにある。

（判旨）『縦令右所持金ニシテ叙上（没収すべき物件の謂—筆者註）ノ性質ヲ有シ又ハ所論ノ如ク不法行為ニ因リテ得タルモノ

ナリトスルモ、苟モ被害者ニ於テ本件犯罪当時之ヲ所持シ居リタリトスレバ、之ヲ以テ窃盗罪ノ目的物タラシムルニ何等欠クルトコロナキモノト謂ハザルベカラズ。（中略）仍テ本件被害者ガ本件犯罪当時右金員ヲ所持シ居リタリヤ否ヲ按ズルニ、被告人ガ判示金員奪取行為ニ出デタル当時ニ於テハ被害者ハ既ニ被告人ノ傷害致死行為ニ因リテ死亡シ居リタルコトハ原判決ガ証拠ニ拠リ認定スルトコロニ徴シ明白ナリ。従テ右金員ハ既ニ死亡セル被害者ノ所持ヲ離脱シタル状態ニ在リタルモノト謂フベク、且本件犯罪ノ現場ガ野外ニシテ被害者ノ相続人其ノ他右金員ヲ現実ニ支配セル者ガ一人モ存在セザリシコト記録ニ徴シ明瞭ナル本件ノ場合ニアリテハ、若シ被告人以外ノ第三者ニシテ斯カル金員ヲ奪取シタリトセバ、刑ハ窃盗罪ヲ構成セズシテ刑法第二百五十四条ニ規定セル占有離脱物横領罪ヲ構成スルコト固ヨリ論ヲ俟タザルトコロナリトス。然レドモ斯カル第三者ノ横領行為ト本件被告人ノ判示奪取行為トハ刑法上之ヲ同一ニ取扱フベキモノニ非ズ。何トナレバ右第三者ハ右金員ガ右被害者ノ所持ヲ離レタル事実ニ付主観的ニモ客観的ニモ何等ノ関連ヲ有スルコトナクシテ卒然占有離脱物ニ直面セルニ反シテ、本件被告人ハ、原判決ニ徴シ明白ナルガ如ク、啻ニ自ラ右占有離脱ノ原因タル被害者ノ死亡ヲ客観的ニ惹起セシメタルノミナラズ更ニ其ノ事実ヲ主観的ニ認識シ居リタルモノニシテ、両者ノ間ニ犯罪実質上ノ逕庭ヲ存スレバナリ。加之、本件被告人ハ、右ノ如キ実情ニ乗ジ自己ノ右意識的行為ノ結果ヲ故意ニ利用シテ自己ガ他人ヨリ其ノ占有ヲ離脱セシメタル物ヲ其ノ後直ニ奪取シタルモノナルコトモ亦原判決ニ徴シ明瞭ナルヲ以テ、斯カル場合ト上述第三者ガ偶路傍ニテ遭遇セル屍体ヨリ金員ヲ領得スルガ如キ場合トニ於テハ其ノ刑法上ノ評価ヲ区別スルハ吾人ノ有スル道義的法律理念ト伝統的正義感情トニ鑑ミ寔ニ妥当適切ナリト謂ハザルベカラズ。人ノ財物ニ対スル所持ノ保護ハ固ヨリ其ノ人ノ死亡ニ因リ原則的ニハ之ヲ終結スベキモノナレドモ、其ノ生存ヨリ死亡ヘ推移スル過程ヲ単純ニ外形的ニノミ観察シ、アラユル特殊的事情ニ眼ヲ覆フテ之ヲ一律ニ決定スルガ如キハ法律評価上固ヨリ之ヲ慎マザルベカラズ。サレバ本件ノ如キ場合ニアリテハ其ノ具体的事情ヲ参酌シテ被害者ガ生前有シタリシ財物ノ所持ヲ其ノ死亡直後ニ於テモ尚継続シテ保護スベキ実質上ノ理由存スルモノト謂ハザルベカラズ。蓋シ被害者ヨリ其ノ財物ノ所持ヲ離脱セシメタル自己ノ行為ノ結果ヲ利用シ該財物ヲ奪取シタル一聯ノ被告人ノ行為ハ、ニ截然区別セラルルコトナク、客観的ニハ勿論、主観的ニモ利用意図ノ媒介ニ依リ前後不可分的ニ一体ヲナセルモノト観ルヲ相当トスルヲ以テ、斯カル行為全体ノ刑法上ノ結果ヲ綜合的ニ評価シ、以テ被害者ノ財物ノ所持ヲ其ノ死亡直後ニ於テモ尚継続的ニ保護スルコトガ本件犯罪ノ具体的実情ニ適合スルヲ以テナリ。斯クシテ本件ノ場合ニアリテハ被告人ニ前述特殊ノ状態ニ於ケル窃取ノ方法ニ依リテ他人ノ財物ニ対スル所持ヲ侵スノ意思アリタルモノト謂フベク、被告人ノ原判示金員奪取ノ行為ハ結局窃盗罪ヲ構成スルモノト為サザルベカラズ』（大判昭一六・一一・一一刑集二〇・五九八）。

右によれば、被害物件は被殺後直ちに相続人の事実上支配に移るとした旧大審院判例（【48】）を否定していることは明かであり、且つ、被害物件の刑法上占有関係は、客観的には、即ち加害者以外の第三者との関係においては原則的理論の通り占有離脱物であるが、主観的には、即ち加害者との関係においては依然として被殺者の占有に在る、とする相対的考察が払われていることが看取される。なお、判旨においては、『苟モ被害者ニ於テ本件犯罪当時之ヲ所持シ居リタリトスレバ』として、恰も強盗致死罪の著手行為たる暴行時に被害者が物を所持していれば足るとするかの如き口吻を窺い得ぬでもないが、然らざる所以は、判旨が更めて、『本件被害者ガ本件犯罪当時右金員ヲ所持シ居リタリヤ否ヲ按』じていることによつてこれを明かにし得る。そこで、小野博士によれば、右の判例が、『道義的法律理念ト伝統的正義感情トニ鑑ミ』て事案を判断した点を多とせられて、『刑法においては端点に具体的事態を全体として観ること、道義観念によつて之を評価することが最も大切である。この見地において考ふるとき、本件の如きはやはり窃盗罪を以て問はるべき場合である。被害者の死亡にもかかはらず、其の所有及び占有はなほ存在して居り、継続して保護せらるべきである。（中略）具体的事態そのものの道義的評価上「他人ノ財物ヲ窃取シタル」といふ構成要件に該当するのである。これは、反道義的行為の類型としての構成要件を卒直に理解する限り、殆ど必然的な判断であると謂はねばならない。この判断を必然的ならしむる契機としては、被告人の行為が前後一貫したものである点が特に重要であらう。被告人に対しては被害者は正に生きた賭博仲間であつた。被害者はたとへ中途生理的に死亡しても、少くとも被告人に対しては道義的になほ生きた行為の相手方なのである』とせられつつ、反面、その上記の如き相対的考察を批判されて、『ところで、大審院はこの点から反対の方向に考へを進めて、若し第三者が取つたのであつたら占有離脱物の横領罪を構成すること「論ヲ俟タザルトコロ」であるとしてゐる。これはなほ従来の概念的形式主義ないし目的合理主義的解釈の余習を脱してゐない考へ方である。これは現実の事案ではないが、若しかかる事案に遭遇したとしたら、私はやはり相当の問題であると思ふ。死体が腐爛して何処の誰やら分らなくなつたり或は全くの白骨となつて了つたりした後は別であるが、生々しい死体から財物を抜き取る如きはやはり窃盗ではないであらうか。私はその財物はなほ被害者の占有する財物として観念せられてよいとおもふ。刑法二五四条の構成要件は「遺失物、漂流物其他占有ヲ離レタル他人ノ物ヲ横領シタル者」といふのであつて、その「占有ヲ離レタル他人ノ物」とは「遺失物、漂流物其他」之に類するものでなければならない。同条の趣旨は本件の如き場合を予想せざるは勿論、第三者が死体から財物を抜き取るが如き場合をも予想してゐないとおもふ』（小野『傷害致死の因果関係—不法行為に因りて得たる財物の保護—既に死亡したる者よりの窃取—牽連犯における手段と結果』刑評四・二四七、同趣旨、小野・各論二四五頁）と説かれる。然し、私には、右の小野博士の説明は勿論、判例が対加害者との関係においては本件被害物件は依然占有を離れたものでないとした説明にも充分に納得できないものが感ぜられてならない。概念的形式主義だとの非難があるけれども、やはり本件のような物は既に占有を離脱した物と解する外に理論上妥明な説明をなし得ないのではなかろうか。

七　占有離脱物

上記の如く、占有離脱物の内容を知ることは、占有概念の裏面的考察として、牽いては占有概念の内容をより明確ならしむる所以となる。刑法は遺失物・漂流物を例示的に掲げることにより占有離脱物の一斑を窺わせているが（刑二五四）、この外遺失物法にも補充的規定がある（遺失一乃至一三〇）。故に、曰く、

【51】『刑法第二百五十四条ニ所謂占有ヲ離レタル物トハ同条ニ例示セル遺失物、漂流物等ノ如ク偶然ニ占有者ノ占有ヲ脱シタル物件ヲ意味シ、遺失物法ニ於テ遺失物ニ準ジタル逸走ノ家畜、誤テ占有ヲ為シタル物件モ総テ其ノ中ニ包含セシムルノ法意ナリトス。而シテ占有者ト其相手方トノ間ニ於テ形式的ニ物ノ授受アリタル場合ト雖モ、其授受ノ内容ニ錯誤アリタルトキ、例エ占有者ガ或物ヲ引渡スノ意思ヲ以テ誤テ他ノ物ノ授受ヲ為シ、又ハ甲者ニ引渡スノ意思ヲ以テ誤テ之ヲ乙者ニ交付シタルガ如キ場合ニ於テハ、物ノ授受ハ当事者ノ真意ニアラザルヲ以テ、占有者ノ手ヲ離レテ相手方ノ手裡ニ帰シタル物ハ、刑法第二百五十四条ノ意義ニ於テ占有ヲ離レタル物タルコトヲ失ハザルモノトス』（大判明四三・一二・二刑録一一・二・三四）。

これによれば、占有離脱物とは、『偶然ニ占有者ノ占有ヲ脱シタル物件』を意味し、『誤ツテ占有ヲ為シタル物件』もこれに準じて考えれば足ることとなる。但し、誤つて占有を為したる物件は、元の占有者にとつては、自己の意思によつて占有を離脱せしめた物とはいえぬから、結局偶然自己の占有を脱したる物件に帰するであろう。盗取した物は、固より誤つて自己占有に帰した物でなく、また元の占有者の意思によつて占有を離脱せしめたものでないから、占有離脱物でないことはいうまでもない（同説、例、大場・各論上六八二頁、なお、誤て占有したる物体については平島『誤て占有したる物件の意義』新聞六七・二、浅野『誤て占有したる他人の物件を横領したるものの処分』新聞六〇〇・四がある。）。そこで、判例に現われた占有離脱物の事例を次に掲げることにすれば、紙屑屋が購買した紙屑中に混入していた金円につき、

【52】『原判文ヲ閲読スルニ「被告政次郎ハ云々生駒フヂエ方ニ紙屑ヲ買求メ続テ同村大字野村入口ノ大家ニテ紙屑ヲ買取リ、其際毛髪ノ混ジアルヨリ之ヲ取去ラントスルトキ、紙屑中ニ小豆色皮ノ財布アルヲ発見シ、其財布ハ生駒方ニテ買取リシ紙屑中ニ混合シアリタルモノナル事ハ心付キナガラ財布在中ノ紙弊銀貨銅貨取交ゼ都合金拾参円拾参銭二厘ヲ自己ノ懐中ニ入レ財布ハ川中ニ投棄シタルモ云々ト」アリ、此事実ニ依レバ右財布ノ裡ニ在リシ金円ガ被告ノ手ニ移リシハ偶然ノ事ニシテ固ヨリ双方ノ間ニ授受又ハ委託ノ意アリシニアラザレバ、被告ニ於テ之ヲ費消シタリトモ委託物費消罪ヲ構成スベキニ非ズ。（中略）該金円ガ被告ノ手ニ帰シタルハ要スルニフヂエニ於テ其財布ノ所在ヲ失シタルヨリ生ジタル結果ナレバ法律ニ所謂遺失物タルニ外ナラズ』（大判明二九・四・一四刑録二・四・三三）。

他人が自家に置き忘れた物につき、

【53】『原判決ヲ閲スルニ「（前略）忠兵衛ハ八日市場区裁判所ヘ支払命令ヲ申請ノ末云々明治三十一年七月五日同執達吏ト共ニ被告居宅ヘ立越シ有体動産差押ヲ了リ出発ノ節、忠兵衛ハ被告ヨリ受取リ置キタル前掲貸金証書壱通芋茴売買帳三冊手帳壱冊紙入壱個在中ノ風呂敷包ヲ被告居宅内上リ口四斗樽ノ上ニ置キ忘レ立去リタルニ被告ハ其包ノ儘之レヲ窃取シタルモノナリ」トアリテ本件ノ風呂敷包ハ忠兵衛ガ被告方ヘ置キ忘レタル物ナルコトハ原院ノ認ムル処ナレバ、従テ該物品ノ既ニ同人ノ占有ヲ離レタルモノナルヤ言ヲ俟タザルナリ。而シテ他ニ之レヲ占有スルモノナク被告ガ之レヲ拾得シテ処分シタルモノナレバ、弁護士所論ノ如ク本件ノ事実ハ窃盗罪ヲ構成スベキモノニアラザルコト知ルベキナリ』（大判明三二・三・一六刑録五・三・七九、この判例に対する異説は後示する。）。

被傭者が雇主の命により他人より金銭を受取るに当り、他人が錯誤により過渡したる金員につき、

【54】『本件事実ハ、被告駒二郎ニ於テ雇主石丸真吾作ノ命ニ依リ斎藤秀造ヨリ金七百二十七円五十六銭ヲ受取ルニ方リ、秀造ガ右金額以外ニ過渡シタル金五十円ヲ隠匿シ被告十次郎ニ預ケタルモノニシテ、秀造ガ該五十円ノ金額ヲ駒二郎ニ過渡シタルハ全ク錯誤ニ出デ、駒二郎ガ之ヲ受取リタレバトテ同人ト真吾作トノ間ニ

委託関係ヲ生ズベキモノニアラズ。乃チ原判決ガ遺失物法第十二条誤ツテ占有シタル物件云々本法ノ規定ヲ準用ストアル法条等ヲ適用処断シタルハ相当ニシテ原判決ハ共ニ不法ニアラズ』（大判明三四・五・二三刑録七・五・四七）。

当事者双方の違算により偶然その一方の占有に帰した物件につき、

【55】『原判決ノ認メタル事実ニ依レバ、被告ハ「山内長次郎ヨリ大阪三井物産会社白木綿八十疋在中ナル荷物六十五箇ノ回送ヲ委託セラレタルニ、現品ノ授受ニ際シ、双方ノ違算上六十六箇ノ授受アリシヨリ、被告ハ爰ニ悪意ヲ生ジ、六十五箇ハ回送シ残一箇ヲ同月二十一日同県海東郡津島町富永新六方ニ於テ同人ニ売却シ以テ費消シタリ」ト云フニ在リテ、其費消シタリト云フ所ノ白木綿一箇ハ荷主タル長次郎ニ於テハ被告ニ寄託スルノ意思ナク、又被告ニ於テハ之レヲ受託スルノ意思ナカリシニ双方ノ違算上偶然誤テ被告ノ占有ニ移リシ事実関係ナルコトハ明カニ原院ノ認メタル所ナリ。（中略）因テ原判決ヲ閲スルニ、所論ノ如ク一梱ノ荷物ハ当事者双方ノ違算ニ依リ偶然誤テ被告ノ占有ニ帰シタル事実ニシテ、刑法第三百九十五条ニ所謂受寄ノ荷物又ハ委託ヲ受ケタル物件ニアラズシテ遺失物法第十二条ニ所謂誤テ占有シタル物件ナ〔リ〕』（大判明三八・三・九刑録一一・三〇九）。

誤配された郵便物につき、

【56】『郵便集配人ハ其取扱ニ係ル封緘郵便物ヲ現状ニ従ヒ支配シ得ルニ止マリ同郵便物ヲ開披シ封入ノ物件ヲ自由ニ支配スルコトヲ許サレタルモノニ非ザルヲ以テ、同物件ニ付テハ単ニ之ヲ看守スルニ止マリ、刑法上ノ占有ハ依然該郵便物ノ差出人ニ存スルモノトス（註略）。而シテ同差出人ノ有スル該占有ハ郵便物ノ送達ヲ受託シタル郵便官署ノ当該吏員ガ該郵便物ヲ保管スルニ依リテ之ヲ持続スルモノナルヲ以テ、上記吏員ガ郵便物自体ノ所持ヲ失ヒタルトキハ、差出人ハ当然該占有ヲ喪失スルモノトス。故ニ原判示ノ如ク郵便集配人ガ誤テ被告ニ為替券在中ノ封緘郵便物ヲ配達シ其所持ヲ喪ヒタル以上ハ、同郵便物ノ差出人ハ之ニ伴ヒ封入ノ物件ニ付キ占有ヲ喪失シ、郵便物全体ハ刑法第二百五十四条ニ所謂占有ヲ離レタル他人ノ物ニ該当スルヲ以テ（明治四十三年（れ）第二一八〇号、同年十二月二四日宣告判例）、被告ガ擅ニ之ヲ領得シタル判示行為ハ同法条ニ依ル横領罪ニ該リ窃盗罪ヲ構成スルモノニ非ズ』（大判大六・一〇・一五刑録二三・一一一八）。

酩酊のため自転車もろとも路上に倒れた者が、その場から約一一〇米も立去り、自転車を持つていたことも失念し、その放置した場所も判らなくなつてしまつた事案につき、

【57】『平形は前記（は）点（松島第一小学校前の県道端—筆者註）において自転車諸共倒れその後自転車を放置して吉田方（右(は)点の南方約一一〇米—筆者註）に来たものであり、吉田方に来た頃は自転車のことは失念し、その所在も判らなくなつていたものであると認めるのが相当である。そうだとすればその自転車は平形の意思に基かずして同人の所持を離れたもので、かつ少くとも平形が吉田方に来た頃には、その自転車は平形の事実上の支配から離れたものと認めるのを相当とする、一方被告人が本件自転車を前記（は）点で発見領得した当時平形がその附近にいたものとは認められないので被告人がその自転車を発見領得したのは既に平形が、その自転車の事実上の支配を失つた後であると認めざるを得ない、されば、たとえ被告人が窃盗の意思を以て右自転車を自己の支配に移したとしても、その不正領得の目的物である自転車が他人の占有を離れた物である以上、これを領得した場合、占有離脱物横領罪を構成し窃盗罪は成立しない。』（仙台高判昭三〇・四・二六刑集八・三・四二三）。

等がある。但し、判例【53】の場合の如く、『一私人ノ家屋ヘ置忘レタル物品ニ付テハ其事実上ノ支配ハ直ニ家主ニ移ルモノトス。従テ此場合ニ於テハ置忘レタル物ハ窃盗罪ノ客体タルヲ得ルモノトス』（大場・各論上五四三頁）という異論がある。

さて、上記した如く、鳥獣等の動物はその自然におもむくところに任せて放置するときは無占有物たることを常態とするが、これと類似の理論的構造を具えることによつて無占有物と解されるものに河川の川床上にある砂利がある。物の自然的性質により占有ありと解される場合の裏面的考察としてこの種の判例を掲げて考察の資に供したい。

【58】（事実）『被告人山内は一、昭和二十六年三月七日大阪府知事より大阪府泉北郡忠岡町循並橋下流約

三百米の大津川川床内の砂利、砂、栗石合計十坪の払下許可を受け所轄大阪府土木出張所に於て所定の手続を経て採取鑑札の下附を受け採取期間を昭和二十六年三月十七日より同月二十八日迄と指定せられたところ右指定の採取期間前には採取することが出来ないのに拘らず砂利採取人夫頭藤田忠勝に指示して右期間前の三月八日頃より同月十六日頃迄の間に砂利、砂、栗石合計約三坪九合を採取し、二、右採取期間経過後更に許可を受けないで昭和二十六年三月二十九日頃より同年四月二十八日頃迄の間に、砂利、砂、栗石等約十坪三合を採取した』というにあつた。これに対して大阪高等裁判所は、

（判旨）『本件砂利は大津川の川床内のものであるから、右砂利について当局が刑法窃盗罪による保護を必要とする程度の占有を取得維持していた事実は認められない。（中略）すなわち、刑法上の窃盗罪で保護すべき法益は刑法によつて保護する価値があり刑法によつて保護する必要があり、且つ刑法によつて保護することが可能でなければならない。しかるに河川の砂利（原判示砂利、砂、栗石を含む）は上流の大きい石がくだけ、流水に押されて下流に流されて行くうちますます小さくくだけて砂利となり自然に発生するものである。また河川の流水の増減、遅速等によつてその移動性は変化に富んでいるが大体において下流に行くに従つてゆるやかになり河川の川口及び附近の海底にまで流されてそこに堆積するに到るのである。従つて流水のように流動的ではないけれどもその自然に発生し自然に移動してやまない砂利の本質から本件のような砂利に対し当局は実力支配の可能な地位を有することができない。かかる砂利に対しては刑法的保護の価値も必要もないといわねばならない。』（大阪高判昭二九・三・三〇刑集七・二・二一一）。

と判示した。筆者もかつてこの判例に賛意を表し、『却つて一雨毎の増水によりその居を転じて流動する砂利の場合にあつては、河川の管理は直ちに川床にある砂利の占有をも併せ含むものとは解せられず、又採取につき所轄当局長官の許可をうけしめることも、その理由は河川管理に支障なからしめる意図に出でたものと解すべく、その権限は河川管理権より出でたものであるが、川床に堆積せる砂利の占有権から出でたものとは解せられず、何れにしても所轄当局が右砂利に対する占有を保存せる

ものとは解し難いのである。これは恰も、国有林に簇生する鳥獣が国有林の果実たるの外観を具へながら、転々その居を変ずることにより国家は右鳥獣を占有せるものとは解せられず、又これが狩獵を禁止し又は狩獵につき許可をうけしめることとしても同様に国家の占有を確保した旨のものとは解し得ないのと同断である』（中『河川の砂利と窃盗罪の客体』関法四・四・八五）としたことがある。なお、右と類似の判例としては、満汐時に海面下に没する海浜に存する砂利につき、

【59】『斯くの如く私人の所有管理に属しない海浜の砂利については、国家又は地方公共団体の所有に属するものと考えられないこともなく、一応その管理に服すべきものと認むべきである。しかしながらその管理は公共の利用を確保するため等の行政的管理に過ぎず、その侵害に対し刑法の窃盗罪の規定によつて保護することを必要とする程度の管理占有とは認められない。』（広島高判昭二九・九・三〇刑集七・一〇・一五四五）。

とするのがある。

次に、遺失物法一〇条にいう『管守者アル船車建築物其ノ他公衆ノ通行ヲ禁シタル構内』の適用につき、先ず、電車内の拾得物につき、

【60】『遺失物法第十条ニ依レバ電車内ニ於テ他人ノ物件ヲ拾得シタル者ハ其物件ヲ管守者タル電車車掌ニ交付スベキモノニシテ、該物件ハ遺失物ニ該当スルモノナルヲ以テ、若シ拾得者ニ於テ電車車掌ニ交付セズ、不正ニ領得シタルトキハ、其行為ハ遺失物横領罪ヲ構成スルモノトス』（大判大一〇・六・一八刑録二七・五四七）。

があり、また、宇部駅に連結手として勤務中の被告人が同駅に停車中の三等客車内に遺留された氏名不詳の乗客所有にかかる黒鼠色毛布一枚を領得した事件につき、

【61】『然ルニ鉄道列車内ニ遺留セル乗客ノ携帯品ハ法律上当然ニ乗務鉄道係員ノ保管ニ係ルベキモノト論断スベキ理拠ナキノミナラズ、遺失物法第十条ニヨレバ鉄道列車ノ乗務鉄道係員ハ寧ロ其ノ列車ノ管守者トシ

テ単ダ共ノ列車内ニ於ケル遺失物ノ交付ヲ受クル権能ヲ有スルニ止マリ、其ノ物ニ関シ当然占有者タルベキモノニ非ズト解スルヲ正当ト為スガ故ニ、判示列車内ニ乗客ノ遺留セル判示毛布一枚ハ法ニ所謂遺失物ニ該当シ、被告ノ行為ハ判示列車内ニ於テ拾得セル毛布一枚ヲ同列車乗務鉄道係員ニ交付セズ不正ニ領得シタルモノニシテ、刑法第二百五十四条ノ遺失物横領罪ヲ構成スルモノトス』（大判大一五・一一・二刑集五・四九三）。

がある。更に、被告が大正二年一月一一日根来村役場に於て収入役の事務に従事中同日午前九時頃納税の為め来合せたる同村橋本半兵衛が同役場事務室内に遺失したる一〇円紙幣三枚を其場に於て拾得しながら之を横領して自己の保管せる金箱中に隠匿せる所為につき、

【62】『遺失物法第十条ノ規定ニ依レバ、所論ノ如キ場合ニ於テハ村長ハ右役場ノ管守者トシテ遺失物ノ交付ヲ受クルノ権能アルニ過ギズシテ物件其物ニ関シテハ当然占有者タルベキモノニアラザレバ、被告ニ於テ判示ノ如キ所為ヲ為スニ於テハ、刑法第二百五十四条ノ罪ヲ構成スルコト勿論』（大判大二・八・一九刑録一九・八一九）。

なりとした。

ここにおいて、草野教授は、上記判例【60】に関し、『然らば一体遺失物法第十条は、如何なることを規定して居るのであらうか。同条第一項は「管守者ある船車建築物其の他公衆の通行を禁じたる構内に於て他人の物件を拾得したる者は其の物件を管守者に交付すべし」と規定し、第二項は「前項の場合に於ては船車建築物等の占有者を以て拾得者とす、自己の管守する場所に於て他人の物件を拾得したる者亦同じ」と規定してゐる。そこで問題は、管守者ある船車建築物其の他公衆の通行を禁じた構内に遺失せられた物が、管守者の占有に帰するや否やと云ふことである。（中略）如何にも、遺失物法第十条第一項は単に管守者ある船車建築物等の内に於て他人の物を拾得した者に対し其の物件を管守者に交付すべき旨を規定して居るに止るから、管守者は管守者として遺失物の交付を受くる権能ある

に過ぎないものと解することも出来よう。併しながら、同条第二項に「第一項の場合に於ては船車建築物等の占有者を以て拾得者とす」と規定して居るところから観れば、船車建築物等の管守者が同時にその占有者であつた場合には、管守者と雖も遺失物の占有者と解すべきではあるまいか。或は右第二項の「前項の場合に於ては」とあるは、第一項に規定する他人の物件を拾得した者が、其物件を管守者に交付した場合たることを必要とするが如くにも解せられるが、第三項は、報労金に付き、船車建築物等の占有者と現に物件を拾得した者とが、之を折半すべき旨を規定して居ることに徴するならば爾く解すべきではない。否、寧、船車建築物等の占有者は現に物件を拾得した者が其の物件を管守者に交付したと否とに拘らず、毎に拾得者たるものと解さねばならぬ。何となれば、若し然らずとせんか、現に物件を拾得した者が、其の物件を管守者に交付すると否とにより船車建築物等の占有者は或は拾得者となりて折半の利益を得或は拾得者とならずして折半の利益を喪ふと云ふが如き不合理を来すこととなるからである』として、一応船車・建築物等の占有者を常にその支配域内の遺失物に対する占有者であるとされつつ、『私は一口に管守者ある船車建築物其の他公衆の通行を禁じた構内に遺失せられた物件と云ふも、場合を分つて考へねばならぬと思ふ。即ち、占有者の船車建築物等に対する総括的実力支配が完全な場合に於てはその支配は遺失物の上にも及び、其の然らざる場合に於ては遺失物の上には及ばない』として一般的原理を示された上、『以上種々考察して来た所を綜合して本件事案を按ずるならば、大審院の判例の当否は、一に電車内に置忘れられた大島絣在中の新聞紙包に対する事実上の支配即ち占有が電車車掌に在りや否やによつて定まり、而して其の占有の存否はまた車掌の電車そのものに対する占有が完全なりや否やによつて定まるのである。惟ふに車掌の電車こ対する占有は、旅館主が旅館に対する占有に比すれば遙かに不完全なもので、従つて車内に遺失せられた如き物に対しては、少くとも車掌に於て現実に之を発見せない限、其の占有を取得せないものと見るが妥当ではあるまいか。私は此くの如く解することによつて、始めて大正八年の判決（旅館便所内に旅客が遺失した財布の占有に関する判例〔7〕、筆者註）と本件判決との矛盾を調和することが出来はすまいかと思ふのである』（草野『電車内の置忘物と横領罪』刑事判例研究一・三二）とせられる。これに対し、滝川博士は一般的に、『汽車、電車、停車場の待合室、百貨店、ダンスホール、カフェ、ホテルの廊下など、通路と同一視してよい場所に置忘れた物についても、二五四条の犯罪が成立する』（滝川・各論一四三頁）とされている。

自己の管理する場域に対する総括的実力支配が完全に行われているか否かにより、その場域内に遺失された物が自己占有に属するにいたるか否かを定めるものとして提出された右草野教授の一般的原理は私としても賛意を表する。且つ、判例においても実際にはかかる原理に則つて事が処理されているものといつてよいかと思う（例えば、上記三の二の(二)の諸事例並に右電車内遺失物に関する判例等を比較考察せよ。）。また、右滝川博士の提出される、公道と類似の性質をもつ場域なりや否やも右総括的実力支配が完全に行われているか否かを決する有力な条件をなすことは否定できない。但し、その適用においてカフェ・ホテルの廊下などを通路と同一視してよい場所とされた点は如何であろうか。判例では飲酒店や宿屋の場域内にある物は占有離脱物でないとすること上記の如くである（〔6〕〔7〕参照）。

次に、旧遺失物法一三条二項（昭二五法二一四により削除）に規定する学芸・技術又は考古の資料に供すべき埋蔵物にして所有者知れざる物については、民法二四一条所定の公告手続履践せざる限り占有離脱物なりとする判例が二つある（大判昭八・三・九刑集一二・二四一、大判昭九・六・一三刑集一三・七五二）。事案は共に古墳内に蔵置されてあつた宝石・鏡剣・埴輪・木棺に関し、争点は、これらの物はすべて無主物ではないかという点、及びこれを発掘領得する行為は刑法一八九乃至一九一条（礼拝所及び墳墓に関する罪）に該当するのではないかという点にあつたが、大審院は何れをも占有離脱物横領罪を以て罰した。前者の判例に関し、草野教授も、埋蔵文化財は無主物でなく、遺失物法一三条二項にいう埋蔵物を以て論ずべきだとされている（草野『古墳内の宝石鏡剣の領得と刑法第二百五十四条』刑事判例研究二・二一六）。なお、旧遺失物法一三条二項は、今日では文化財保護法（昭二五法二一四）五七乃至六五条に継承されている。

最後に、占有離脱物なりや他人占有物なりやにつき争いのあつた限界的事例につき判例二則を挙げる。

被害者森節子が、中村町県交通停留所である県交通中村営業所内の塵埃箱の上に遺失していた女靴を、同所の小使が発見し、側にいた被告人に対し、『此の靴はあなたのですか』と尋ねたので、被告人はとつさに領得の犯意を生じ、即座に『私の靴です』と答え、そのまま其処にあつた同靴を持ち去つたという事案につき、

【63】『右森節子が右女靴を置忘れたことによつて、其の靴が同女の占有から離脱したとしても、同靴が県交通自動車会社の一営業所内ゴミ箱の上にあつて、同営業所の小使が其の所有者を尋ねたのであるから、同靴の占有は同営業所管理人にあつたものと言うべきで、占有離脱物を以つて目することは出来ない。』（高松高判昭二五・六・二特二一・二〇四）。

平市の市営火葬場の焼夫であつた被告人が、昭和一一年七月七日頃から同一三年七月頃までの間数十回に亘り同火葬場に於て遺族が火葬に付した遺骸の骨揚を為し終つた後、其の場所に遺留した骨灰の中から金歯屑約一二匁を領得した事案につき、第一審は無罪を、第二審は占有離脱物横領罪を以て

論じたに対し、大審院は、

【64】『按ズルニ死者ノ遺族其ノ他葬式ヲ挙行スル者ガ死者ノ遺骸ヲ火葬ニ付シ之ヲ灰燼ニ帰セシメタル場合ニ於テ、死者ガ生前歯牙ニ金冠其ノ他金ニテ加工ヲ為シ居ルトキハ其レ等ハ火葬ニ依リ或ハ遺骸ト分離シテ原状ノ儘或ハ鎔解シテ吹玉トナリテ骨灰中ニ所謂金歯屑トシテ残存スルニ至ルモノナルトコロ、火葬後遺族等ガ骨揚ヲ為スニ当リテハ遺骨ノ右等金歯屑ヲ全部拾集スルコト能ハズシテ其幾分ヲ骨灰中に遺留スルコトアルハ数ノ免カレザル所ニシテ此等金歯屑ハ骨揚ヲ終ラザル間ハ遺族ノ所有ニ属シ無主物ヲ以テ目スベキニアラズ。蓋其レ等金歯屑ハ原状ノ儘ニテ遺骸ト一体ヲ為ス間ハ遺骸ト独立シテ所有権ノ目的物タルヲ得ズト雖モ、火葬ノ結果独立シテ存在スルニ至リタル以上ハ相続人ノ所有ニ属スルモノト謂フベキヲ以テナリ。然リ而シテ遺骸ヲ火葬ニ付スル場合ニ於テ骨揚ヲ為シタル後ノ骨灰ハ遺骨ト同一視スルヲ得ズト雖モ、之ヲ塵埃ト等シク直ニ遺棄シ去ルガ如キハ吾人ノ道義上ノ見解ニ於テ厭フベキモノアルヲ以テ、一般市町村経営ノ火葬場ノ如キニアリテハ之等骨灰ノ為特ニ灰置場ヲ設置シ骨揚後ノ骨灰ハ悉ク之ニ移シ相当堆積スルヲ待チテ競売ニ付シ、其ノ売得金ヲ市町村雑収入ニ充ツルヲ例トス。斯ル場合ニ於テハ骨揚ヲ為シタル後ノ骨灰中ニ偶金歯屑残留スルトスルモ、其ノ金歯屑モ亦骨揚ヲ終ルト同時ニ市町村ノ所有ニ帰属スルモノト解セザルベカラズ。思フニ遺骸其ノ他遺骨等ヲ処分シ得ベキ者ガ骨揚ヲ為スニ当リテハ、死者ノ祭祀又ハ記念ノ為保存スルノ目的ヲ以テ細心ノ注意ヲ払ヒ拾集スベキモノハ悉ク之ヲ拾集シ、其ノ残留物ニ付テハ之ガ処分ヲ当該市町村ニ一任シ其ノ適当ナル措置ニ委スル慣例アリト解スベキガ故ニ、縦令骨灰中ニ金歯屑ノ存スルコトアリトスルモ、遺族ニ於テ所有権留保ノ意思表示ヲ為サザル限リ、其ノ物ニ対スル所有権ハ挙ゲテ之ヲ当該市町村ニ移転シタルモノト認ムルヲ妥当トスベケレバナリ』(大判昭一四・三・七刑集一八・九三)。

として、無主物又は占有離脱物でない旨の判示をした。されば、小野博士も、大審院は『本件被告人の領得行為が刑法上何の罪に該当するかについては明示してゐない。刑法二五三条の業務上横領罪を適用するつもりらしく思はれるが、窃盗罪とするつもりであつたのかも知れない。しかしいづれにしても二五四条の占有離脱物横領罪を以て論ずべきものではないといふ考から原判決は破棄を免れぬとしてゐるのである』とされた上、『然るに本件の金歯屑は遺族が或る程度まで其の存在を意識しつつ骨灰と共に火葬場に遺留したものである。特に多量の金に気付かないで遺留したといふやうな場合は格別、然らざる限り概ね火葬場における慣行に従つて処分されることを承知の上で遺留したものであり、これを以て「占有ヲ離レタル他人ノ物」と為すことは出来ない。(中略)遺族としてはこれを慣行に従つて礼を失はざるよう適当に処分して貰うつもりで遺留するのである。そこで礼を失はざる方法においてその骨灰を処分することは火葬場経営者の義務であり、同時にその骨灰なり或は其の中に残留する金歯屑其の他の屑物を適当に利用することは亦其の権利であると考ふべきであらう。本件について云へば火葬場の経営者たる平市がその権利者である。被告人は其の被傭者たる「焼夫」に過ぎない。従つて被告人は「焼夫」として骨灰を灰置場にまとめておくとか、或は場合によつて其を競売に付することも許されているのかも知れないが、其の中から金歯屑だけを拾ひ集めて領得する権利はないと考へなければならぬ。経営者がこれを許してゐるとか或は慣行上焼夫の収入の一部としてそれが認められているといふなら格別であるが、少くとも本件ではそうした事実は現はれていない。

かくして被告人の領得行為は刑法上財産罪としてとらえなければならないことになるが、それは横領罪であるか窃盗罪であるかは一寸問題である。若し被告人が当該火葬場の管理に関する事務一切を任されて居り、例へば骨灰を競売に付することも其の職務に属するやうな場合であつたなら横領罪、しかも刑法二五三条の業務上横領罪である。之に反して若し火葬そのものの労務に服するだけの「焼夫」であつたなら窃盗罪を以て論ずべきである。何故ならこの場合には被告人は物の占有者(管理者)

ではないからである』（小野『火葬場に遺留された骨灰中に残留する金歯屑の領得』刑評二・五一）と評釈されている。だから、本件金歯屑の占有は、上掲三の二の（六）に該当する場合としても考え得ることになるであろう。

八　不動産の占有

（一）不動産に対する登記簿上の所有名義人は、仮令真の所有権者でなくても、自由にこの不動産を処分し得べき状態にあるから、刑法上はいわゆる他人の物の占有者であるとされている。判例は先ず、仮装売買により登記簿上の所有名義を得た場合につき、

【65】『原判決ニ認メタル事実ニ依レバ、被告ト工藤四郎兵衛間ニ於ケル本件土地建物ノ売買ハ仮装ナルガ故ニ、当事者間ニ在テハ絶対ニ無効ナリト雖モ、宮川平吉ハ其売買ノ仮装ナルコトヲ知ラズ、登記名義者タル被告ヲ真ノ所有者ナリト信ジ之ヲ買受ケタルモノニシテ、民法ニ所謂善意ノ第三者ナレバ、其無効ヲ以テ之ヲ平吉ニ対抗スルコトヲ得ズ。従テ平吉ハ本件土地建物ノ取戻ヲ受クルコトナキハ勿論、其他何等ノ損害ヲ蒙ルコトナケレバ、平吉ニ対スル詐欺取財罪ノ成立スベキ謂ハレナシ。然ルニ原院ガ平吉ヨリ本件土地建物ノ売買代金ヲ詐取シタルモノト認メタルハ失当ニシテ、論旨前段ハ其理由アリ。然レドモ被告ハ仮装ノ売買ニ因テ登記上本件土地建物ノ所有者タル名義ヲ有シ自由ニ之ヲ処分シ得ベキ状態ニ在ルモノナルヲ以テ、形法ニ所謂他人ノ物ノ占有者ナリト云ハザル可カラズ。従テ其土地建物ヲ擅ニ売却スルニ於テハ、玆ニ刑法第二百五十二条ノ横領罪ヲ構成スルコト勿論ナレバ、論旨後段ハ其当ヲ得ズト雖モ、原判決ハ之ヲ詐欺取財罪ニ問擬シタル失当アルニ付、是亦結局其理由アルコトニ帰着シ、本論旨ニ依リ原判決ハ全部破毀ヲ免ガレザルモノトス』（大判明四二・四・二九刑録一五・五二七）。

と判示した。次に、

【66】（事実）『被告ハ丸山みとガ黒沢吾作ニ売渡シタル畑一筆ガ売買登記漏ニテ依然みとノ所有名義ニナリ居ルコトヲ発見シタルヲ奇貨トシ、之ヲ他ニ売却シテ横領センコトヲみとト共謀シ、黒沢正太郎ナル者ニ売

却シテ其登記ヲ経由シタル』場合につき、

（判旨）『不動産ノ所有権ガ売買ニ因リ買主ニ移転シタルニ拘ハラズ登記簿上其所有名義ノ依然トシテ売主ニ在ルトキハ、該不動産ハ売主ニ於テ有効ニ処分シ得ベキ状態ニ在ルモノナルヲ以テ、刑法上ノ観念ニ於テハ此場合ニ売主ハ他人ノ不動産ヲ占有スルモノトス』（大判明四四・二・三刑録一七・三三）。

として、同趣旨の判示をしている。

かく登記簿上の所有名義人が不動産の占有者であると解される理由をより詳しく説明して、次の判例は、

【67】『仮装売買ニ依リ登記簿上不動産ノ所有名義ヲ有スル者ハ刑法上他人ノ不動産ヲ占有スルモノニ該当スルコトハ、当院判例ノ示ス所ナリ。惟フニ其占有ハ民法上ノ占有ト異ナリ不動産ニ対シ事実上ノ支配ヲ為スモノニ非ザレドモ、登記名義人ハ第三者ニ対シ有効ニ該不動産ヲ処分シ得ベキ状態ニアリテ、仮ニ此状態ガ後日登記ノ抹消ニ依リ消滅シ所論ノ如ク一時的ノモノナリトスルモ、其継続セル間ハ占有者ト同一ノ地位ニ立ツヲ以テ、刑法上他人ノ不動産ヲ占有スルモノニ該当ス』（大判大八・七・四刑録二五・八三二）。

と述べている。この外、同旨の判例が、仮装売買により登記簿上所有名義人になつた場合につき大判大一一・三・八刑集一・一二六、他人所有に属する不動産がたまたま被告人の所有名義に登記されていた場合につき大判明四五・五・七刑録一八・五八一がある。

学説上、右の如き考え方は概ね是認されているのであつて、例えば、『不動産についても「占有」とは、管理、即ち事実的支配には相違ないが、その事実的支配は、不動産に関する権利の公示方法たる登記簿上に於ける事実的支配、即ち所有名義を有し、其の処分の可能性を有する場合を含む』（小野・各論二六七頁）とされ、或いは、『刑法上の占有は専ら所持を意味し、所持は動産に関すると不動産に関す

るとを問はず事実上の支配を意味する。唯だ、不動産に関しては、登記簿上其の所有名義を有することに因つて所持せられることが可能である』（木村・各論一一八頁）とされる如きである。ところが、独り大場博士はこの種の考え方に対して頗る批判的であり、『斯ノ如ク登記簿上ノ不動産所有者トシテノ登記ト動産ニ於ケル物ノ占有トハ同一ノ効力ヲ有スルモ不動産登記ヲ以テ不動産ノ占有ト同一視スルヲ得ス。登記簿上ニ於ケル所有名義ハ物ニ対スル占有（保管）ニ非スシテ公簿上ニ於ケル形式ナリ、之ニ反シテ占有（保管）ハ現ニ物ニ対スル事実上ノ支配即チ事実ナリ。占有ナル文字ヲ登記簿上ノ所有名義ト同一視シ所有名義アル者ハ悉ク之ヲ占有者ナリト解釈セントスルカ如キハ形式ト事実トヲ混同スルモノニシテ法文ノ解釈トシテ到底之ヲ許スヘキモノニ非ス。他人ノ不動産ニ付キ登記簿上所有名義ヲ有スルモ占有ヲ有セサルコトアリ。又仮令登記簿上ニ於テハ所有名義者ト為リ居ラサル者モ尚ホ実際ニ於テハ之ヲ占有スル場合アリ。然ルニ大審院カ仮装ノ売買ニ依テ登記簿上土地建物ノ所有名義ヲ有スル者ハ刑法ニ所謂人ノ物ノ占有者ナリト判決（明治四十二年四月九日判決）シタルハ登記簿上ノ所有名義ヲ有スル者ハ其実何等ノ事実上ノ支配（占有）ヲ為サヽルモ尚ホ占有者ナリト解釈シタルニ同シ。然レトモ此判決ハ法文ノ占有ナル文字ヲ解釈シタルニ非スシテ法文ト離レテ一種ノ便宜ノ処分ヲ為シタルモノナリ。斯ノ如キ便宜処分ハ果シテ比附援引ノ濫弊ニ陥ルモノナリトノ譏ナキヲ得ルカ』（大場・各論上六六三〜六六四頁）と迫られている。

なお、共有不動産の一部につき登記名義人たるにすぎぬものは、共有不動産全部の占有者でないとする旨の判例に、

【68】『要スルニ其趣旨ニ依レバ、被告ハ自己及他ノ二十二名ニテ共有スル土地所有権ニ付キ自分ノ持分ヲ登記シ且他ノ二十名ノ持分ヲ自己ニ取得シタルモノニシテ、之ヲ仮装登記シ右自己ノ持分ト他ノ二十名ノ持分

トヲ一括シテ之ニ抵当権ヲ設定シ原勝太郎ヨリ金百三十円ヲ借受ケタルモノナリ。故ニ被告ハ前記不動産所有権ノ登記名義人トナリタルニ非ズシテ、二十三名ニテ共有スル不動産ニ付キ二十一名ノ持分ニ付キ登記名義人トナリタルニスギズ。従テ右不動産ニ関シテ被告ハ刑法第二百五十二条ニ規定スル占有者ニ非ザルヲ以テ、縦令被告名義ニ於テ登記シタル持分ニ抵当権ヲ設定シ、依テ之ヲ不法ニ処分スルモ、其行為ハ横領罪ヲ構成スルコトナシ』（大判明四五・七・一刑録一八・九七九）。

がある。

（二）　然るに、等しく登記簿上所有名義人であつても、その所有名義の取得が不法原因乃至無原因に基づくときは、いわゆる所有名義そのものが無効であるから、従つて不動産占有者たるものではないとすることも判例の態度であつて、

【69】『原判決ノ事実認定ニ依レバ、被告吉太郎ハ永松伝次郎所有未登記ノ判示建物ヲ自己ノ所有物ト偽ハリ其保存登記申請ヲ為シ之ガ不実ノ登記ヲ経タル後、株式会社田主丸貯蓄銀行支配人中尾百吉ニ対シ之ヲ自己ノ所有物ナリト欺キ、之ヲ抵当トシテ同銀行ヨリ金員ヲ騙取シタルモノニシテ、被告吉太郎ガ本件建物ヲ自己ノ所有物ナリトシテ保存登記ヲ経タルハ適法ナル行為ニ基キタルモノニアラザルガ故ニ、其登記ハ法律上登記トシテ効力ヲ有セズ。従テ被告吉太郎ハ仮令右詐欺ノ手段ニ依リ登記簿上本件建物ノ所有者タル名義ヲ有スルモ、法律上有効ニ之ヲ処分シ得ベキ状態ニ在ラザルヲ以テ、刑法上他人ノ不動産ヲ占有スルモノト云フコトヲ得ズ』（大判明四三・四・一五刑録一六・六一六）。

とし、同趣旨のものとして、

【70】『原判決ノ判旨ニ依レバ、本件ノ不動産ハ被告佐六ノ父初五郎ト初五郎ノ実弟平松及七太郎ノ三名間ニ於テ之ヲ三分シ、各其所有部分ヲ定メ之ヲ授受シ、各自之ヲ所有耕作シ居リタルモノナルニ、被告ハ其事実ヲ知リナガラ擅ニ相続登記若クハ保存登記ヲ為シ全部自己ノ所有名義ト為シタル事実ナレバ、該不動産中ニ於

及七太郎ノ所有部分ニ付テハ右相続登記及保存登記ハ無原因ノモノニシテ法律上何等ノ効力ヲ生ゼザルヲ以テ、被告ハ右登記ニ依リ該不動産ノ占有者ト為ルモノニアラズ』(大判大五・六・二四刑録二二・一〇三一)。

とするのがある。これに対し、牧野博士は、右記二則の判例を紹介された後、『しかし、苟も登記簿上所有名義が登記せられているにおいては、第三者に対する関係においては形式上自由にその不動産を処分し得られるようになつているのであるから、やはり不動産の占有が成立しているものと解すべきであろう。しかし、横領罪が成立するについては、その占有が委託に基づくものであることを要するのである。それで、無断で他人の建物に対し保存登記をした場合は、不動産窃盗に属する場合になるのであり(略註)、刑法第二百五十三条の意義における自己の占有する他人の物ということにはならないのである。その場合には、その登記を利用して処分行為をしても、背信行為は成立していないのである』(牧野・各論下七九二頁)と批判される。

(三)　判例は上記の場合の外、被後見人の不動産に対する後見人の占有を認めている。蓋し、『後見人は被後見人の財産に関する法律行為につき被後見人を代表するものであるから、その不動産に対し法律上の支配をしているものとせねばならぬ』(牧野・各論下七九二頁)からである。そこで、判例に曰く、

【71】『被告等ガ抵当権設定ノ登記ヲ為シ川崎亀次等ニ之ガ登記済証等ヲ交付シテ金円ヲ受取リタルモノトセバ、其前提トシテ抵当権設定ノ行為アルベキハ当然ノコトニシテ、其行為タルヤ蛙遊水ノ後見人タル貞己ガ茂樹ト通謀シテ其保管ニ係ル被後見人蛙遊水ノ不動産ニ関シ之ヲ不正ニ領得スルノ意思ヲ外部ニ表現シタルモノナレバ其業務上横領罪ヲ構成スルコト毫モ疑ヲ容ルベカラズ』(大判大六・六・二五刑録二三・六九九)。

かくして、牧野博士は『予輩は法律上の支配としての占有ということに関し、此の判例の趣旨に固よ

り賛成するので、而して、登記上の名義といふ関係以外に此の如き場合のあることを注意して置きたいと思ふ』（牧野『後見人の占有と横領』刑法研究二・二六八、法協三六・五）とされる。この外、法人の代表者・未成年者の親権者・不動産に関して管理人として包括的代理権限を有する者（宮本・大綱三三八頁）等も同一の理由により占有者である。

（四）最後に、不動産の占有は、仮令その登記簿上の所有名義人でなくても、いやしくもこれを現実に支配する者ある場合には、これを認むべきである、とする判例がある。

【72】『原判決ニ認定シタル事実ニ依レバ、論旨ノ土地ハ宗知寺ノ所有ニ属シ被告人ハ住職トシテ之ヲ管理中、被告人個人ノ企画ニ係ル会社ノ設立資金トシテ他ヨリ金借スルニ当リ、之ガ担保トシテ擅ニ抵当権ヲ設定シ其ノ登記ヲ経タリト云フニ在リテ、該土地ガ被告人ノ所持ニ属シタルモノナルコト明ナルヲ以テ、横領罪ニ該当スルコト論ヲ俟タズ。原判決ハ判示地所ガ宗知寺名義ニ登記シアルノ故ヲ以テ、被告人ノ占有ニ属セザルモノト解シタリト雖、占有ノ有無ハ其ノ物ヲ自己ニ於テ支配セルヤ否ニ依テ決スベク而シテ支配関係ハ事実上其ノ物ヲ所持スル場合ニ存スルハ勿論ニシテ之ヲ通態トスベク、唯事実上其ノ所持ニ属セザルトキト雖モ、登記簿上名義人ト為リ居ル場合ハ支配関係アルモノト認メ得ベキコトアルニ過ギズ。寺院名義ニ登記シアルノ故ヲ以テ、現ニ被告人ガ之ヲ管理セルニ係ハラズ占有ノ要件ヲ欠クモノト為スハ、其ノ当ヲ得ザルモノトス』（大判昭七・四・二一刑集一一・三四六）。

同様に、不動産に対する事実上の支配を認めたものとして、町事務当局者、町議会総務常任委員及び被告人の三者が現地に立会つて、町所有林と被告人所有林との境界を合意して、その境界線に杭を打こんだにもかかわらず、被告人が右合意により町側のものとされた山林内の立木をほしいままに伐採した事件につき、

【73】『尤も、本件境界の設定は所有権の移転を伴わない。従つてその登記手続を要しない単なる管理行為

ではあるが、地方自治法第九十六条第一項第六号により町議会の議決を経ることを要するものというべきところ、記録に徴すれば、(中略)本件境界の設定までが町議会の議決を経たものとは到底認められない。されば、この意味において、本件境界の設定は未だ確定していなかつたものというべく、従つて右境界の設定により町側の物とされた山林及び立木は未だ町所有の物と確定していなかつたものといわなければならない。しかし、本件境界の設定は被告人自身が立会つて木杭まで打込んで定めたものであるから、かかる措置により町側のものとされた山林及び立木については、その所有権は前記の意味において未だ町所有のものと確定したものではないとしても、刑事法上の意味におけるその占有は既に町のものと確定したものといわなければならない。』(仙台高判昭二八・一一・二五刑集六・一一・一六〇六)。

然らば、これを論拠として、不動産に対する事実上の不法占拠を、他人占有の剝奪・自己占有の獲得として、盗罪を以て論じ得るかというに、これをめぐる見解には二つの大きな対立がある。且つ、この種の判例は従来見当らぬようであるから、事は専ら学説に就いて観察するのやむなきにある。

この問題に関する従来からの通説と目されていた消極説から観ることにすれば、『物ノ位置カ移転スルコトナク依然トシテ従来ノ所持者ニ於テ何時ニテモ其支配力ヲ原状ニ回復スルノ実効ヲ奏シ得ル関係ニアルトキハ刑法上ニ於ケル所持ノ消滅ヲ認メサルヲ以テ所持ノ一般観念ニ適合スルモノナリト解ス可キカ如シ、而シテ位置ヲ移転シ得ヘキ可動体ハ一旦之ヲ持去ルトキハ被害者ニ於テ事実上其所持ヲ回復スルノ実効ヲ奏スルコト殆ト不可能ナリト雖モ不動物体ハ其占有ヲ侵害セラルルモ斯ノ如キ状態ニ陥ルモノニアラサルカ故ニ所持ノ喪失ニ関シ二者ノ間ニ区別ヲ認ムルコト不当ニアラサル可シ』(泉二・各論七六四頁)というにあり、ただ不動産の不法領得は『詐欺強迫ニ因ル意思表示ハ取消ニヨリ無効ノ

とするのがある。

結果ヲ生スルモ其取消ハ善意ノ第三者ニ対抗スルヲ得サルカ故ニ詐欺強迫ニ因リ一旦不動産ヲ譲渡シタル者ハ往往ニシテ其占有ヲ回復スルノ途ナキニ至ルコトア』（泉二・各論七六五頁）るから、騙取的方法による場合にのみこれを認めれば足るとしている（同説、大場・各論上五四三〜五四四頁）。

これに対し、積極説の代表的主唱者たる牧野博士は、『まず、理論として、奪取の観念に関する遷移説隠匿説の如きは、判例自身が一般の場合についてそれを採らないのであり、単に所持の移転を以つて足りるものとしているのであつて見れば、不動産についても亦その所持の侵害ある以上、それに対する窃盗罪の成立を認めてしかるべきである。そうして、次に、実生活上の事実に就いて考えるときは、不動産の所持が侵害せられた場合において、不動産自身はその所在を変じないにしても、権利者がその権利を実行することのしばしば困難なのであることは、顕著なものといわねばならぬ』（牧野・各論下六二一頁）とされ、小野博士も、やや躊躇を示されつつではあるが、『我が刑法は「他人ノ財物ヲ窃取シタル者ハ云々」と規定しているので、不動産も亦盗取の目的物たり得るものと解する余地がある。勿論、動産（可動的物件）が盗取されたときに、その物は転々して容易に之を回復することが出来ないのに反して、不動産（不可動的物件）は、他人に占拠されても其の位置を変じないから、これを回復する途がないではない。その社会的意義において両者趣を異にするものがある。だから果して窃盗罪の観念を之にまで及ぼすべきかは、考慮の余地があると謂へよう。しかし、戦災後の都市における事情などを考へてみると、一旦占有を奪はれた場合にそれを回復することは極度に困難であり、或る場合には実際上不可能でさへある。山林や耕地についてもその占有を刑法的に保護する必要がないとはいへない。境界線を超えて隣地の一部を取込む如き有形的な占有の侵害は、まさに窃盗の類型に属すると謂ふべきである。不動産の一部たる樹木の如きはこれを伐採することによつて窃取し得ることは異論のないところである』（小野・各論二三三―二三四頁）とされる（同説、宮本・大綱三三九頁、滝川・各論一二三頁、木村・各論一一六頁）。

上記の如く、判例が不動産に対する登記簿上の所有名義の外に、その事実上の支配ある場合にも占有を認める趣旨から推し測るならば、問題の場合、判例理論の向うべき方途は積極説にあるのではなかろうか。固より、私としても理論上積極説に賛意を表する。

以上の考察と対照的に問題とされるのは、上来説かれている登記簿上の所有名義を、所有者の意思によらずして自己に移転せしめる如き行為は、果して刑法上如何なる処遇を受けるかの問題である。これについては対立する見解が存し、牧野博士が窃盗罪の成立を認められるに対し（牧野・各論下六一九頁）、小野博士は詐欺罪に問わるべきではないかとされる（小野・各論二三四頁）。但し、両家とも登記官吏を欺罔することによつてこの地位を奪うことを以て奪取罪とされる点では、登記簿上の所有名義を以て不動産に対する事実的支配の確保されある地位ということを前提とされていることがここでも確認されるのであるから、ここでの考察はこれを以て足るであろう。

地方裁判所判例

最高裁判所判例

控訴院判例

高等裁判所判例

判 例 索 引

大審院判例

著者紹介

竹《たけ》田《だ》直《なお》平《へい》　近畿大学教授

中《なか》　義《よし》勝《かつ》　関西大学助教授

総合判例研究叢書　刑　法 (4)

昭和31年11月1日　初版第1刷印刷
昭和31年11月10日　初版第1刷発行

著作者　竹　田　直　平
　　　　中　　義　勝
発行者　江　草　四　郎
印刷者　堀　内　文　治　郎

東京都千代田区神田神保町2ノ17
発行所　株式会社　有　斐　閣
電話九段(33)0323・0344
振替口座東京370番

印刷・堀内印刷株式会社　製本・稲村製本所
Printed in Japan

総合判例研究叢書 刑法(4)
(オンデマンド版)

2013年2月1日　発行

著　者　竹田　直平・中　義勝
発行者　江草　貞治
発行所　株式会社 有斐閣
〒101-0051　東京都千代田区神田神保町2-17
TEL　03(3264)1314(編集)　03(3265)6811(営業)
URL　http://www.yuhikaku.co.jp/

印刷・製本　株式会社 デジタルパブリッシングサービス
URL　http://www.d-pub.co.jp/

AG504

ISBN4-641-91030-8　Printed in Japan